著
ホン・ミンジ

訳 豊田祥子

夢は
ないけど、
成功
したいです

꿈은 없고요 그냥
성공하고 싶습니다

イースト・プレス

꿈은 없고요, 그냥 성공하고 싶습니다
By Hong Minji

Copyright ©2022, Hong Minji
All rights reserved.
Original Korean edition published by DASAN BOOKS CO., LTD.
Japanese translation rights arranged with DASAN BOOKS CO., LTD. through BC Agency.
Japanese edition copyright ©2023 by EAST PRESS CO., LTD.

プロローグ

———

　ウェブバラエティの『文明特急[*1]』は2021年、韓国放送大賞でニューメディア作品賞を受賞した。この賞が私たちにとって意味深いのは、放送業界に一石を投じたという達成感を得られたというところにある。それまでウェブ番組などのニューメディアは「放送」として認められていなかったため、放送大賞にはこのような賞が存在しなかった。つまり『文明特急』が唯一のニューメディア作品賞の受賞作ということになる。私たちもやっと「韓国放送業界」の勝ち組のパーティーに招待された気分だ。

　2018年からスタートした『文明特急』は、ニューメディアの中で最も長く続いている番組だ。今まで打ち切りにならなかった理由はとてもシンプルで、形になるまで、ただひたすらに続けてきたからだと思う。数え切れない失敗の前で私たちは、恥をしのび

———

＊1：SBSが製作するウェブバラエティ。「スブスニュース」のコンテンツの1つだったが、2019年に単独チャンネルとして独立した。「スブスニュース」とは、InstagramやFacebook、TwitterなどのSNSでニュースを提供するSBSのニュースブランドのことである。

歯を食いしばった。

　こんなふうに屈辱に耐え続けていくのは、想像以上に惨めだ。なぜわざわざ苦労を買って出るのかと誰かに馬鹿にされても、あえて聞こえないふりをしなければならない。リードしてくれる先輩もいなければ、経験者のノウハウがあるチームでもない。私の上にいる決定権を持った誰かが「今日で解体！」と言えば、チームがすぐになくなる可能性だってある。会社で直接何かを言われたわけではないけれど弱者の勘だ。野獣たちで溢れるジャングルに放り出された一匹のウサギのように、いつ死んでもおかしくないのが私の現実だった。そうやって自然の法則通り、ウサギの私は自ずと生存本能を高めていった。

　私は生き残るためにいい番組を作るしかなかった。周りの顔色をうかがいヘコヘコしながら、おとなしく自分の場所を守ろうとも思ったけれど、クビにならない確実な方法はいい仕事をすることだった。上質なコンテンツを作る社員を、コンテンツ会社がやめさせるようなことは滅多にない。つまり『文明特急』は私たちが生き残ろうと、必死に足掻いた成果物なのである。それなりに結果を出したからかチームは運良く独立し、私もクビになる心配をせずによくなった。

　いつやめさせられるのか分からない不安から、必死になって働く駆け出し社会人。メジャーとして認められないマイナー。悔しいけれど結局これが私のアイデンティティだ。だけど、そんな自

分を見て見ぬふりはしないつもりでいる。私はこのスタイルのまま成長していきたい。主人公になってフィナーレを飾ることはできないかもしれないけど、時々は、名脇役になるチャンスが私にもやってくるのではないのだろうか。

　私は、自分のように招待状をもらえなかった仲間たちのためにこの本を書いた。熾烈な受験戦争と就職難で、心の中に鬱憤が積もりに積もっている非主流の90年代生まれとして、お手本になるような社会人生活を送ってきたとは言えないけれど、こんなふうに社会に根を下ろす方法もあるということを知ってほしかった。

　もう1つ、率直に私の気持ちを言うならば、この本を読んだ人のうち誰か一人でも、自身の戦闘力を引き上げて、成功をつかみ取ってくれたら嬉しい。一攫千金できるような株や不動産、宝くじ以外にも成功する方法はいくらでもあるはずだ。何もない場所を開拓し、そこに新しいフィールドを作って、こんな成功の仕方もあると示していってほしい。そして私はそれを応援したい。私の気持ちがこの本を読んだあなたへしっかりと伝わっているのなら、著者の自分もまたある意味、成功しているのだ。

Contents

——

招かれていないメジャーリーグになんて興味ない

——

　今でこそ、ウェブバラエティやニューメディアという単語をよく耳にするようになったが、私がこの仕事を始めた当初は、ニューメディアが「本物の」メディアとして認めてもらえていなかった。そんな私もまた、ニューメディア界の先駆者としてやっていくという覚悟を持ってこの世界に飛び込んできたわけでは決してない。

　韓国の地上波放送局の1つであるSBSでニューメディアチームのインターン[*2]を募集するということを知り、ニューメディアが何かも知らなかったけれど、まず応募をしてみた。ニューメディアでも、オールドメディアでも、動画を編集する仕事は全て同じだろうと思っていたからだ。私はこうしてスブスニュースチームで、社会人生活のスタートを切ることになった。

　私たちのチームのキャッチコピーは「SBSの問題児」。キャッチコピーだけだと思っていたけれど、会社の中でも実際に問題児だったのだ。社内には先輩もいなければ、後輩もいなかった。あの時は気づかなかったが今考えてみれば、厄介者扱いされていたのだ

ろう。しかも無視され、見下される厄介者。当時の私は察しが悪く気づかなかったけれど、盛大に傷つくところだった。ああ……しょうもないダメージは、毎日のように受けていたけど。ある日エレベーターで「アイツらは何をやってる子たちなんだ？」と露骨に言われているのを耳にしたこともあった。「こんにちは。私たちスブスニュースチームです」と挨拶したら「スポーツニュース？」と把握すらされていなかったのだ。

「本物の」メディアにいる人々は、私たちのことを同僚だとは思っていなかった。自分たちがいる既存のテリトリーに侵入されないよう、塀を高く積み上げていた。彼らはメジャーで私たちはマイナーだったのだ。

　ニューメディアで仕事をして3年ほど経った頃、可愛がってくれていた先輩たちが私に、この業界から離れたほうがいいとアドバイスをしてきた。ずっとここにいても認めてくれる人なんていないからと。能力がもったいないから、1歳でも若いうちに地上波番組を作るPDになりなさい、と。全部私を思ってのことだろう。ここでいくら一生懸命やったところでYouTubeからは抜け出せない。製作費に充てる広告がつくわけでもなく、大型番組を製作するのも不可能だからと。

───
＊2：韓国では、主に学生が卒業前に約3〜6か月間、実際に会社で働くことを指す。就職活動時に有利になることがある。

そうアドバイスされた時、ニューメディアという未開の地で自分の若さを無駄遣いしてるんじゃないかと焦りもした。他の子たちは地上波番組のADになってあちこち走り回っているのに、私だけ暗いトンネルの中に迷い込んだような気がして怖かった。

　ある日、同年代の教養番組のPDから連絡がきた。
「ミンジ、サクッとYouTubeに上げられるようなコンテンツを作ってくれって先輩から言われたんだけど、どうしたらいい？」
　サクッと？　サクッと……作れですって？　その時初めて、私の仕事が周囲からどんなふうに思われているのかはっきりと分かった。小さな傷をつけられるのは慣れっこだと思っていたけれど、私は突然現実という大きな波に飲み込まれた。そして、ニューメディアから1日でも早く離れろという先輩たちからのアドバイスが頭の中をよぎった。

　私はYouTubeだからといって、手を抜いて動画を作ったことは一度もない。むしろあの短い時間の中に全てを盛り込まなければいけないため、1分1秒無駄にするわけにはいかなかった。何度もミーティングを重ねアイテムを選定し、アップロード時はタイトルやサムネイルまでこだわり抜いていた。だからあの時、戦友のジェジェオンニと私は復讐を誓ったのだ。始めたからにはできるところまでやってみよう、入念に準備をして私たちの仕事を軽く見てる人たちの尻を蹴飛ばしてやろうって。

　しかしそんな私たちの努力も虚しく、相変わらず放送業界では

マイナーだという評価を受けていた。2017年から毎週コツコツと『文明特急』を作ってきたのに、ただレギュラー放送の編成表に載っていないという理由で「番組も作ったことのない奴らが」という言葉を浴びたこともあった。頭にはきたけれど誰かに八つ当たりしている暇なんてなかった。1日でも早く視聴者に認めてもらうことのほうがもっと重要だった。だから私たちは、私たちのプラットフォームで、私たちの視聴者のためだけに仕事をすることにしたのだ。

　そうこうしているうちに、いつの間にかニューメディアコンテンツが人々から注目を集めるようになり始めた。今度は逆に地上波番組が次々とニューメディアへ進出してきたのである。そうやって参入してきたコンテンツには2つの共通点があった。まず1つ目は、かなり雑に作ったのが見え見えだったという点。「YouTubeだしサクッと作れ」という指示でもあったのだろうか。なんの抵抗感もなく他のコンテンツを焼き直したり、YouTubeで有名になるためだけに、下調べもせず出演者へオファーをしたりするものもあった。

　2つ目は、すぐに姿を消してしまったという点だ。ニューメディアの視聴者は能動的で忙しい。自分の時間を奪わないコンテンツを選んで見ている。彼らに選ばれなければ、いくら有名人が出演

＊3：本名イ・ウンジェ（이은재）。 YouTube番組 『文明特急』 の企画PDでありMC。 オンニ（언니）は、 女性が実の姉や親しい年上の女性を呼ぶ時に使う言葉。

したとしても再生回数は1万回を超えられない。視聴者の目が厳しいことに気づかないまま作られたコンテンツはすぐに消えてしまう。手を抜いたのだから視聴者に見てもらえないのは当然といえば当然の結果だ。

私たちは早くから試行錯誤を繰り返してきた。その甲斐もあってか『文明特急』は視聴者から支持され、300回目に向かって突き進んでいる。第1回から現在まで、SBSの長寿番組『瞬間捕捉 世の中にこんなことが』の司会を務めるイム・ソンフンさんにお会いした時、「100回さえ超えれば成功したも同然だ」と言っていただいたことがある。そういう意味でも私たちチームは、よく持ちこたえたと自分たちを褒めてあげたい。

150回を超えたあたりからだっただろうか。突然私にニューメディアに関するインタビュー依頼がくるようになった。ニューメディアコンテンツについて話をしてくれないかという講演も提案された。荒れ地だったニューメディアという場所に木が育ち始め、ただひたすらに頑張っていた私は、一番大きな木陰を手に入れることができたのだ。今考えてみると、最初から地上波進出に対して欲を出しすぎなくてよかったと思う。制約の多い地上波を諦めたかわりに、自由なフォーマットと編成時間を最大限に活用することができたからだ。

2020年2月、新型コロナウイルスによる深刻なマスク不足が社会的に大きな話題になった時、わずか30分のミーティングで、実

際に行列へ並びマスクを買うコンテンツを撮ることを決めた。MC（司会）のジェジェオンニが行列に4時間並び、マスクを購入するその瞬間をカメラに収め、編集は3時間で終わらせた。更新は毎週木曜日だったけれど、最も重要なのはタイムリーさだと判断し、急遽金曜日に動画をあげた。

人気アイドルのNCT 127が初出演した時は、いつも以上に大きな反響があった。視聴者の気持ちに応えるため、時間の都合で残念ながらカットしなければならなかったシーンを集め、ダイジェスト版を再編集し、サプライズで木曜日ではなく土曜日に更新した。熱い反響を受け、さらに土曜日の夜に2時間で第二弾のダイジェスト版を編集し、日曜日にアップロードした。次々と更新される未公開動画を視聴者たちは楽しんでくれた。この時に私は、状況が許す限り本編以外にも多様なコンテンツで視聴者たちを満足させることが、既存のルールを守るよりも大切だと学んだ。地上波と違って、好きなように編成を行えるのが、我々ニューメディアにとっての一番の武器だ。自由なコンテンツのおかげで番組の視聴者も少しずつ増えていった。

社会の中には暗黙的に定められたメジャーの塀がある。そしてその中に入るためにたくさんの人たちが今も頑張っている。けれど仮に入れなくても問題はない。自分が今いる場所に塀を作って「メジャー」というプレートをかければ、そこがメジャーになるのだ。他人からダサくてくだらないものだと思われることもあるかもしれない。けれど自分のやっていることを自ら卑下してはダメ

だ。私の仕事は世界で一番意味のある仕事なんだと、自分自身に
暗示をかける必要がある。

　価値に気づいてほしいとメジャーの周りでうろうろしながらも、
私たちは自分たちだけのリーグを作った。誰も分かってくれなく
て悔しいのなら、自ら声を上げていくべきだ。そのエネルギーが
あれば、たとえ放り出したくなったとしても歯を食いしばれる。そ
うすればいつか、自分が作った塀の外から仲間になりたいとノッ
クをしてくる人が出てくるだろう。

アイドル界に一石を投じよう

——

　これまでSHINeeや2PM、SEVENTEENやNCT、OH MY GIRLなど、様々なアーティストに会ってきた。そう、韓国でアイドルと呼ばれている人たちだ。実をいうと『文明特急』は当初、アイドルに特化した番組ではなかった。もともとは「新文明を伝えていこう」というコンセプトで、既成概念を打ち破り、新しい文明にスポットライトを当てるためにスタートした番組だ。そんな『文明特急』が「私たちがアイドルの企画をやらなければ！」と思い立ったのには理由がある。

　ある日の仕事帰り、今まで一度も会ったことのない、とある新人アイドルのメンバーとエレベーターで乗り合わせた。するとそのアイドルは突然、私に90度の深々としたお辞儀で挨拶をしてきたのだ。あまりにも急だったので及び腰で応じてしまったが、私はその時、なんとなく違和感を感じた。まるで、放送局の関係者に会ったアイドルは90度で挨拶すべきというトレーニングでも受けているかのようだった。

それから私は、90度のお辞儀について問題意識を持つようになった。どちらか一方だけが行う挨拶は、礼儀とはまた別の問題である。もっと言ってしまえば、強者が権力で弱者を押さえつけるという関係へ進展しかねないのだ。一瞬だったけれど私はその時、やり場のない憤りを感じた。そしてそこには、長い間蓄積されてきた既存のルールがあると感じた。

　正直私は、今までアイドルを「ただ歌って踊るだけの人間」としか見ていなかった。メディアがアイドルをそのように映し出し、ほとんどの視聴者はその姿をそのまま受け取るしかなかったのだ。けれど私がこの仕事をする中で会ったアイドルたちは、華やかというより孤軍奮闘する駆け出し社会人の姿をしていた。そう感じて以来、アイドルが出演する番組を以前とは違う視点で見るようになったと思う。例えば音楽番組では、カメラに映っていなくても身体が壊れそうなぐらい一生懸命踊るメンバーが目に留まるようになった。学生時代には気づけなかった部分だ。

　彼らはK-POP分野で専門的な教育を受け、進化し続けている職業人であり、専門家として評価を受けるべき存在なのである。考えてみれば、私と同年代の第2世代[*4]のアイドルたちは、私が高校生の時からすでに社会人として必死に働いていた。サラリーマンでいうと、平社員から1つ上の代理に昇進するために力を注ぐ一番苦しい時期を、とても若いうちから経験していたのだ。私が学生時代を共に過ごしてきた数々の歌は、あの時に第2世代のアイドルたちが社会で一生懸命戦い、築き上げてきた努力の結晶だと思っ

た。大人たちから聞かされていたアイドルに対するネガティブな意見や偏見がじゃまして、認識することができなかった価値である。

　学生の時には絶対に感じられなかった、駆け出しの社会人として働き始めてようやく分かるようになったことだった。そうしたら私たちの番組では、アイドルをどんなふうに描き出していくべきなのだろうか……真剣に悩んだ。その結果、職業人としてのアイドルの価値を視聴者へ伝えることを最優先にしようと決めた。

　企画に取り組む前にまず、今までテレビでよく目にしてきたアイドルの姿を自分なりに整理してみた。

　　1.アイドルはいつもニコニコしながら、リアクションしなければいけない
　　2.相手からの要求には優しく応じなければいけない
　　3.一発芸を披露し続けなければいけない

　この３つを満たすアイドルは褒められるのではなく、そのくらいできて当然だという評価を受けるだけなのである。もし自分がアイドルの立場だったら……と考えてみた。学生時代、模擬テストで5等級から2等級[*5]に成績の上がった科目があったけれど、その時は学校の先生から「２等級ぐらい取れて当たり前だ」と言われ

＊4：分類には諸説あるが、2004年〜2008年にデビューしたSHINeeやBEASTなどのアイドルを指すことが多い。日本はもちろん、アジア各国に人気を広げたK-POPブームの立役者的存在である。
＊5：韓国の高校では内申成績を1〜9等級に分けている（1等級が一番上）。

た覚えがある。私は精一杯頑張ったのに、それが普通だと言われて無性に腹が立ったことを思い出した。アイドルになったことはないけれど、きっと彼らはこんなふうにやり切れない気持ちになることが多いのではないだろうか。

　だから私たちは、文明特急に出演するアイドルに対して、絶対に守るべき3つのルールを決めた。

　1.面白くなければアイドルも笑わなくていい
　2.アイドルだって無理な要求は拒否してかまわない
　3.アイドルをプロの職業人として表現する

　この3つが満たされれば、アイドルたちも悔しい思いをしなくても済むのではないのだろうか。面白くない時には笑わないアイドルの姿。無理な要求をアイドルが拒否した姿。そんな彼らの姿が嫌味っぽく映らないように番組を作るのが演出と編集の責務だ。動画の前後のセリフをうまく繋げられなければ意図を取り違えられかねない。彼らの本来の姿が視聴者へ伝わらない可能性もある。だから私たちは、絶対に気を抜いてはいけないのだ。そして私は誤解を与えることなく、視聴者へ出演者のありのままの姿を届けることが演出サイドとしての役割だと考えている。

　このルールのもと、私たちはアイドルへ出演をオファーし、彼らに関するコンテンツをいくつも製作した。しかし、それまで文明特急が作ってきた動画とのギャップがあったせいか、アイドルがたくさん出演することに反感を持つ視聴者もいた。「アイドル宣伝番組に転落した文明特急」と書かれた掲示板のスクリーンショッ

トを友達が送ってくれたり、社内で「文明特急は本来のコンセプトを見失っている」という評価を受けたりすることもあった。

　周りから批判を浴びながらも、私たちがアイドルの企画をやめなかったのは「文明特急の撮影は何かが違う」と言ってくれるアイドルたちからの最後のコメントがあったからだ。そのおかげで、私たちは何度も失いかけていた自信を取り戻せた。具体的にどんなところが違ったのか聞いたことはないけれど、その気持ちは確かに感じられた。社会に出てきたばかりの彼らが、今までどんな状況に置かれていたのか垣間見えたような気もした。

　また、あるアーティストのマネージャーが撮影後、私にこう話してくれた。「10年間マネージャーとして働いてきましたが、こんなに楽しい撮影は初めてです」と。『文明特急』のアイドルの企画は、相変わらず好き嫌いが分かれはするけれど、アイドル界に一石を投じることができたと自信を持って言える。番組を通してアイドルに対する既存の偏見を捨て、新しい視点を持つようになった視聴者も必ずいるはずだ。毎週見える小さな変化に、私たちはやりがいを感じている。

　ゆくゆくは、K-POPアイドルと90年代生まれの視聴者は同じ時代を生きているという連帯感を感じられるような、そして同年代として強いシンパシーを感じられるような輪を広げていきたいと考えている。学生時代に私が見ていたテレビ番組では、K-POPやアイドルの成功を軽視するものが多かった。K-POPを愛するファ

ンたちを「パスニ」や「パドリ」と揶揄し、ステージに臨むアイドルの姿勢より、番組のために用意した特技にばかり注目していた。

そんな彼らの置かれた現状が妙に他人事に思えなかったのは、まるでそれが自分に起きている出来事のように感じたからだ。真剣に働く私の姿をバカにするような大人もいた。職場で専門性を発揮して活躍するより、飲み会を盛り上げることを期待する大人たちも多かった。この状況が今まで、アイドルがテレビ番組で受けていた扱いとものすごく似ていると思ったと同時に、私自身おかしいと感じた部分でもある。

だからこそ90年代生まれの私たちが作りあげる番組は、K-POPとアイドルを大切にせずにはいられないのだ。学生時代、その中心にはいつもK-POPとアイドルがいた。「SHINeeの『Sherlock(2012年発売)』って私たちが高3の時だったよね」「隠し芸大会で4MinuteとBEASTの歌をやったのって、済州島だっけ？」。こんなふうにK-POPは、私たちが昔の話を振り返る時に1つの道標となり、学生時代から今までの大切な思い出が消えないよう、力になってくれる存在なのだ。

大人が今まで続けてきたやり方に、社会人になった私たち90年代生まれが一石を投じなければならない時がきた。ついに自分たちのやり方で、K-POPとアイドルにスポットを当てられるチャンスが巡ってきたのである。

オムツを替えたこともないのに
育てただなんて!?

──

「あなたがジェジェを育てたんでしょ?」
「ジェジェオンニはご両親が育てたに決まってるじゃないですか」

　みんな誰かを育成しなければいけない病気にでもかかっているのだろうか。『文明特急』の視聴者が増え、ジェジェオンニがMCとして注目され始めると、私は放送関係者たちからこんな言葉をたびたび聞くようになった。自分のことで精一杯なのに、誰かを育てる余裕なんてあるはずがない。ジェジェオンニの立場からしてもいい気はしないし、まだ子どもを生む計画のない私からしても呆れる話だ。ジェジェオンニも私と同じようにPDとして働いているのに「表に出ている人間だから」ただそれだけの理由で誰かに育ててもらったと誤解を受けることが多い。

──
＊6：パスニ。「빠순이」。 男性アイドルや俳優の熱狂的な10代の女性ファンのことを指す。
＊7：パドリ。「빠돌이」。 パスニの男性版。

しかしこれは、番組の出演者と演出サイドの人間の間でよく耳にする、聞き慣れたセリフでもある。「俺があの子を育てたんだ」「監督が育ててくださったんです」というやりとりが、ごく自然に行われているのだ。個人的に尊敬していた（今はそうではないので過去形で）先輩と食事をした時、TVにある芸能人のCMが流れると、彼は深くため息をつきながらこう言った。「俺がアイツのこと育ててやったのに、もう連絡すらしてこないんだ」と。

　笑えない先輩の「ジョーク」になんだか私のほうが恥ずかしくなった。だから「先輩、もしかしてあの芸能人の親御さんだったりします？」と聞き返してみた。そうすると私が冗談を言っていると思ったのか、ガハハと笑い始めたではないか。つられて私も苦笑いしてしまった。

　彼らはなぜ、両親や保護者面（ヅラ）をして自分たちが「育てた」なんて言えてしまうのだろうか。本当に助けてほしい時は、救いの手すら差し伸べてこないくせに。これは単に放送業界だけの話ではない。映画界でもある監督が「あの俳優は私のおかげで有名になった」と言ったのを聞いたことがある。会社で部長が「キム代理は社員の時から私が面倒をみてあげてるんだ」と言うのを見たこともある。出生率が低いこの時代、自分が産んでもいないくせに「育てた」という人間がなぜこんなにも多いのだろうか。

　これよりさらに恐ろしいのは「育ててあげるよ」という表現だ。上下関係があることを前提に、強者が弱者にだけ使える言葉で、自

然と相手を萎縮させてしまう。相手を自分の思い通りにコントロールしたいという意味と、なんら変わりがないのだ。

　一人のフリーランサーがある会社の代表から「私が指導してやるから、我々の会社に来い」と言われたという。その人は当時、就職がうまくいかず、あれこれ悩んでいる時期だった。判断力が鈍っていたのか、その時は代表の一言が甘い誘いに聞こえてしまったようだ。幸いにも彼は、その会社に入社しなかった。後から知ったことだが、そこで働く社員はみんな、やりがい搾取に苦しめられていたという。

　この「育ててあげるよ」という言葉は全てを正当化してしまう。具体的に言うと「給料を支払わないこと」「不利な条件で仕事をさせること」「嫌がる仕事を無理矢理させること」などだ。まるでガソリンのように人間の中にある情熱を燃やし、真っ白な灰にしてしまう。強者がなんとなく吐き捨てた一言に騙され、真面目な人々はバカを見るのだ。

　本当に優秀な人間であるのなら、こんな言葉は使わない。自分はどんな信条を持っているのかしっかりと説明してくれる。「育ててあげるよ」という一言で相手を惑わす人は、食べたら身体を壊すカビの生えた料理に手をつけないのと同じように、私たちのそばから必ず取り除いていかなければいけない。

「オンニのおかげで、いろんなことを学べた気がします」

編集のセンスがある助演出のキム・ヘミンPDが私にこう言って
きた。だから私は「ヘミン、あなたは自分の力で成長したんだよ」
と返した。ヘミンの気持ちはありがたいけれど、後輩と先輩は弟
子と師匠ではない。親子でもない。それぞれが1人の職業人とし
て存在している、ただそれだけだ。そんな関係の中で「育てる」
「学ぶ」「教える」などの表現を使うのは、私からするとなんだか
妙な感じがする。だから後輩たちには私を通してではなく、自分
自身の力で成長したんだと思ってもらえたら嬉しい。メンバーが
他のチームに異動し、一緒に働くことがなくなっても、自己肯定
感をしっかり持って仕事と向き合えるようにという意味だ。もち
ろんこんなふうに話している私も、先輩たちが自分を育ててくれ
たと思ってはいない。

「育てるって言うのはダメ、教えてあげるのもなんか違う。じゃ
あ、どうすればいいの？」と悩む人たちにオススメしたい表現が
1つある。これは兄妹デュオ「楽童ミュージシャン」のインタ
ビューの中で、みんなが彼らのアイデアだと思っていた部分が、実
はMV監督のアイデアと演出だった、というエピソードに出てきた
フレーズだ。その時、妹のスヒョンさんは「芸術と芸術が出会っ
てシナジーを生み出したんですよ」と答えていた。監督とアーティ
ストの対等な関係性が垣間見えたと同時に、お互いのフィールド
を尊重していると感じた。簡単なことのように思えるかもしれな
いけれど、とっさにこの言葉が出る人はなかなかいない。「全て監
督のおかげですよ」と忖度するよりも、ずっと誠意がこもってい
る。だから私はスヒョンさんから学んだこのフレーズを、これか

ら積極的に使っていきたい。

「ヘミン、あなたの編集のおかげでいいシナジーが生まれたよ」
というように。

　果たしてPDが出演者を育てるのだろうか？　音楽プロデュー
サーが歌手を育てるのだろうか？　監督が俳優を育てるのだろう
か？　代表が社員を育てるのだろうか？　誰が誰をどれだけ育て
れば、こんな言葉をいとも簡単に言うことができるのだろうか？
　私には分からない。

　父がそばにいなかった2、3歳の時、母方のおじがその不在を埋
めてくれていた。そんな彼でさえも私を育てたとは決して言わな
い。だからオムツを替えたこともないくせに、育ててあげたなん
て言うのはやめよう。みんなそれぞれの場所で根を下ろし、雨に
打たれ、太陽の光を浴び、自分の力で大きくなっているのだ。そ
れでも育てたいと言うのなら、20年間ずっとなんの対価もなく、毎
月200万ウォン（日本円で約20万円）以上の養育費を送ってあげれば
いいのではないだろうか。
　けれどもし、私が将来「出演者を育ててやった」という言葉を
吐き捨てるようなPDになってしまった時には、誰でもいいから

──
＊8：2013年に韓国のオーディション番組『K-POP STAR2』で優勝し、翌年にYG ENTER
TAINMENTからデビューした兄妹デュオ。2019年秋に活動名を「楽童ミュージシャン」から
「AKMU」に変更した。

ほっぺたを引っ叩いてほしい。そして「何をおっしゃってるんです？　まずはご自分が成長するほうが先では？」と、厳しく忠告してくれることを願う。

無理に夢を叶えなくてもいい

———

　日韓ワールドカップサッカー大会が開催された2002年、私は団地の公園に設置されたモニターの前で、選手を応援している小学生の中の一人だった。みんなが声を1つにして「夢は叶う！　パパンッパッパンパンッ、テーハンミングク（大韓民国）！」と叫んでいた。その時からずっと、私も韓国代表選手のように夢を持ち、叶えなければいけないと思っていた。

　そんな私が中学生になり初めて抱いた夢は、ディズニーのアニメーターになることだった。アニメーターはディズニーランドで働くものだと思っていたし、ディズニー・クルーズラインにも無料で乗れると思っていた。本当はディズニーのアニメーターという夢を叶えるために、アニメーション特性化高等学校[*9]に進みたかったけれど、それは母に反対されて早々に諦めた。だから大学はアニメーション関連の学科のあるところを選んだ。

———

*9：専門職業課程教育を実施する「特性化高校」のうちの1つ。　一般的に「実業系」と呼ばれ、　主に進学ではなく就職を目指すための学校のことを指す。

ようやく夢を叶えられるところまできた！と期待に胸を膨らませていた私は、ディズニーのアニメーターが運営するHPを探し出し、彼のメールアドレスに質問リストを送った。ディズニーのアニメーターになる方法を知りたかったからだ。首を長くして返信を待っていたが、結局なんの音沙汰もなかった。

　だから私は飛行機のチケットを買い、アポイントメントも取らずにニューヨークにあるという彼の事務所へ向かった。しかし門の前にいる警備員に止められ、中まで入ることはできなかった。それから数日間、仕方なく事務所の前にある公園に居座り、1ドルのピザでお腹を満たしながら、あの事務所にいるアニメーターにどうすれば会うことができるか考えていた。

　照りつける日差しから逃れるため、私は近所の博物館に入った。一番涼しい場所がまさかのエジプト館で、そこにずっと留まっていたら、ある人が突然私にエジプトに興味があるのかと聞いてきた。彼がエジプト人に見えたので、一応興味があると答えた。そうしたら彼は、エジプトのどんなところが好きなのかとさらに質問をしてきたのだ。私は適当に『プリンス・オブ・エジプト』を見て、エジプトが好きになったと返した。すると彼は、自分はアニメーターではないがディズニーの音楽関連の部署で働いていると教えてくれた。私の英語力不足のせいで、具体的にどんな仕事をしているのかまでは残念ながら聞きとることができなかった。

こうして偶然にもディズニーで働く人と知り合うことができた。彼にアニメーターをしている人を私に紹介してほしいとお願いをしてみると、快く同僚のメールアドレスを教えてくれた。その後、アニメーターからしっかり返信ももらえた。

　今思い返すと少しやりすぎだったかなとも思うが、それぐらい夢を叶えたいという気持ちが強かったのだ。ディズニーのアニメーターからたくさんアドバイスをもらいたい……一歩ずつ夢に近づいているような気がして、自信に満ち溢れていた時期だった。そして私は大学に復学し、アニメーション学科の専攻授業でインテンシブコースを受講することにした。

　そのコースでは1学期の間ずっと、キャラクターがジャンプした後に着地をせず、さらに空中でジャンプをする、いわゆる「2段ジャンプ」の映像を製作していた。本当は笑いながらジャンプさせたかったけれど、口角をあげて描ける自信がなく、妥協して無表情で作った。キャラクターの関節を1つずつ動かす作業が、どうも私の性分には合っていなかったようで、授業がものすごく退屈に感じた。もちろん成績はC＋。自分に大きく失望した。それと同時に、なぜこの大学に進学したのかという理由まで見失ってしまった。

　どのくらいさまよい続けただろうか。自分ができないことを、消去法で1つずつ消していきながら、私はやっと「広告業界で働く」という2つ目の夢を見つけた。韓国の2大広告代理店にエントリー

シートを提出し、2社とも最終面接まで進んだ。定年退職する60歳まで、この業界で働く自分の姿を想像してみたりもした。

　A社の面接では「弊社の作った広告の中で最も記憶に残っているものについて教えてください」と聞かれたが、私はあえて一番イケていないと思った広告について話した。なぜそんなことを言ったかというと、最終面接まで来たついでに、会社に対する批判的な意見を投げかけて帰ってやりたいと思ったからだ。いいところを挙げるだけでも時間が足りないはずなのに、今考えれば、なんて余計なことをしたのだろうと思う。批判するならするで、論理的に話すべきだったけれど感情が先走ってしまった。それが理由かは分からないが、結果は不合格だった。

　1社目を教訓に、次の面接では突飛な行動をとらないようにしようと心に決めていた。B社の最終面接では「あなたが広告を作るとしたら、どのように制作するかアイデアを出してください」という質問を受けた。ここだけの話、私の頭の中にはかなり面白いアイデアが浮かんでいたけれど、あまりにユニークすぎると思い、誰でも考えつくようなことをプレゼンした。それが理由か分からないけれど、結果はまたしても不合格だった。

　韓国の2大広告代理店から落とされた私は「広告業界と自分の相性がよくなかったんだ」と考えることにした。広告業界で活躍している優秀な面接官が不合格と判断したのであれば、これ以上頑張る必要はない、どうせダメなら早いうちに諦めたほうがマシ

だと思ったのだ。

　そして1年間、未来に対する目標を何も持たずに過ごしてみることにした。SBSスブスニュースのインターン募集に出会ったのは、まさにそんな時だった。特に放送業界で働きたいという夢があったわけではなかったけれど、会社が家から近かったので、とりあえず応募してみた。そして私はなぜか合格し、報道本部で働き始めることになったのだ。報道というだけあって重苦しい事件や事故のニュースを編集することが多かったが、私は本当はもっと明るいトーンの動画を作りたいと思っていた。

　ちょうどそんなふうに考えていた時期にできたのが、バラエティのPDという3つ目の夢だ。SBSの報道本部で働きながら、SBSと韓国地上波放送局の1つでもあるMBCのバラエティ局に応募し、どちらも最終面接まで進んだ。実際に働いているということもあり、テレビ局に関する情報はたくさん知っていたから、自分はきっと受かるだろうとのんきに考えていた。けれど期待とは裏腹に、SBSの試験の結果は不合格。そしてMBCでも同じように、最終面接で落とされてしまった。

　広告代理店の面接の時と同じように、今回もセンスのあるPDが出した結果だ。再チャレンジするのはコスパが悪いだけだと思い、私はバラエティのPDになるという夢も諦めることにした。合格通知をもらうために、他に何を頑張ればいいのか私にはもう分からなかったのだ。今まで私が抱いた3つの夢は全部、叶えようとす

る前に不合格を言い渡された。

　その時から私は遠くを見るのをやめた。今、この瞬間、目の前に来たチャンスだけをつかみながら生きていくことにした。夢を見たところで毎回誰からも相手にされず、自分の人生にとってマイナスにしかならないのなら、そんなもの、無理に持つ理由がないからだ。これが、私が今いるニューメディア分野により一層のめり込むようになったキッカケである。初めから大きな夢を持って、この業界に入ったわけではないけれど、唯一私に合格のメダルをかけてくれたのは、ニューメディアという場所だけだった。

　自分が求められていないところに未練を持ち続けるのは、時間の無駄だけだと思った。反対に私のことを必要としてくれている場所でベストを尽くした時、どんな結果が出せるのか知りたくなった。学生時代からずっとドリーマーだった私が、人生で初めて何も夢を持たずに過ごす日々が始まった。虚しくなるだけだと思っていたけれど、肩の荷が下りたからか毎日とても幸せで、会社へ行くのが楽しくなった。

　そんなふうに仕事をしていたら『アナと雪の女王2』や『ズートピア』などの制作に参加し、数々の賞を受賞したウォルト・ディズニー・アニメーション・スタジオ所属のアニメーター、ユン・ナラさんにインタビューするという機会を得た。2時間あまりの撮影で、彼がディズニーのアニメーターとしてどのように生き抜いてきたのか、悔いの残らないよう思う存分質問した。とてもリ

アルな話を聞くこともできた。私はディズニーのアニメーターになるという夢は叶えられなかったけれど、彼らにインタビューをできるような人間になれたのだ。

　さらに就活生時代にエントリーした広告代理店の研修で、私が製作した動画を使っているという話も耳に挟んだ。それを聞き鳥肌がたった。不合格を言い渡してきた会社が、私の動画にポジティブな評価をしているなんて、これほど痛快なことはない。そしてもう1つの広告代理店からは『文明特急』と一緒に広告をやりたいというメールをもらった。ミーティングを重ね、ブランド広告制作も進めた。私がその会社の広告を作ったも同然だ。自分を不合格にした会社から、制作依頼を受けるなんて、こんなに愉快なことがあるだろうか！

　生きていると本当にいろいろなことが起こる。バラエティ番組のPDになる資格がないと、バラエティ局から落とされた私が、最近は視聴者たちからバラエティ番組のPDと呼ばれている。そして我らがMCのジェジェオンニは、2021年の百想芸術大賞の女性バラエティ賞の候補に名前があがり、『文明特急』はさらにバラエティ色の強い番組となった。

　私たちには夢を持ったその瞬間、他人からの評価を待つ時間が

_____

＊10：韓国の総合芸術賞。 韓国で制作された作品であれば、 地上波・ケーブル・Netflix配信など放送形態は問わず、全てが選考対象となる。 韓国のゴールデングローブ賞とも言われている。

ついてくる。作家になりたければ、自分に素質があるのか先輩作家からジャッジされ、評論家や文芸賞、出版社から評価をされる。歌手になりたければ、芸術中学、芸術高校、芸術大学の入試でランク付けされ、所属事務所やオーディション、音楽配信プラットフォームでも評価を受けなければならない。そして夢が叶えられなかった時は、いとも簡単に不合格の烙印を押されてしまうのだ。そんなの誰でもイヤに決まっている。けれどそもそも、夢を叶えるというプレッシャーがなければ、周りからの肯定的な評価を期待することも、不合格のラベルを貼られることもない。

　インタビューで、最終目標や夢についてたびたび質問をされる。あるにはあるが、いつも具体的に答えてはいない。無理に叶えようとはしなくていい、自分だけが分かっていればいいものを公言してしまうと、実際に叶えられたかどうか評価をする人が増えるからだ。私は夢を叶えなければというプレッシャーに悩まされたくはない。それに縛りつけられると、決まって夢を人質に悪魔の手を差し伸べてくるヴィランが登場する。でも私たちはそんなヴィランに惑わされる必要はない。誰かから認められなくても、私の世界が崩れ去ることは絶対にないのだから。

どこで働くかより、
何をやりたいのかが大切だ
——

　私は会社員より職業人でありたい。入社したてのころは局長まで昇進して、かっこいい車を乗り回すのが目標だったけれど、今はただ人々の記憶にずっと残り続けるPDになりたいと思っている。

　私がこう思うようになったのは、社会人1年目の時に永登浦区庁駅で出会った名前も知らない人がキッカケだ。会社からの帰り道、息の詰まるような地獄の満員電車での出来事だった。私の前で、肩を震わせながらクスクスと笑う人が握っているスマートフォンの中で、自分の編集した動画が流れていたのだ。

　その時、生まれて初めて感じるなんとも形容しがたい感情がドクドクと込み上げてきた。私の作った動画が、誰かの人生に彩りを与えているその光景を、この目で目撃する日が来るなんて。平凡でありふれた日常の中で、こんなに満たされた気持ちになれる

——

＊11：芸術中学：舞踊や芸術の専門教育を受けられる特性化中学校の1つ。 芸術高校：芸術系の専門教育を受けられる特殊目的高校の1つ。 K-POPアイドルが多く通う高校でもある。

とは思ってもいなかった。そしてこの瞬間は、私にとって給料日よりも幸せなものだった。

　それから3年間、私は『文明特急』というウェブバラエティの番組制作に情熱を注いできた。社内での地位ではなく仕事に対する目標ができたから、出勤することが楽しくなった。私にとって会社はもう、競争によってストレスがたまる空間ではない。いうなれば編集作業のできるコンピューターがあって、一緒に働く仲間がいて、撮影スタジオがあるコンテナボックスみたいなものだろうか。正直いうと、これからも私は会社のために働くつもりはこれっぽっちもない。力を尽くさなければいけないのは、動画を見てくれている視聴者に対してだと思っている。

　いつの間にか私が会社に行く理由が、給料ではなく視聴者になっていた。誰も理解はしてくれなかったけれど、視聴者に幸せになってもらいたくて一生懸命働いた。私たちの動画が誰かの苦しく辛い時間を慰められるような存在になればと思った。かなり照れくさいけれど、これが本心だ。

　私たちの本気度が伝わったのか、地上波で放送したこともない、広告を出したこともない『文明特急』のチャンネルをたくさんの人が訪れてくれるようになった。メンバーやチームの努力を見て「制作陣の給料をあげてくれ」という可愛らしい要求をしてくれる視聴者や「たくさん稼いでほしいから広告はスキップしない」と言ってくれる視聴者もできた。そんな彼らの応援のおかげもあり

結果は自ずとついてきた。

　利益をあげた『文明特急』に、会社は少しばかりご褒美をくれた。2020年のチュソクの休みを目前に控え、ウェブバラエティである『文明特急』がSBSの特番として編成されることになったのだ。90分という放送時間と1億ウォン規模の製作費を使い、番組を作るチャンスを与えられたのである。アイテムや番組の方向性、そして編集にいたるまで、ほとんどの決定権が私に委ねられた。

　しかし驚くことに、私はそれまで一度も90分番組を制作した経験がなかった。そんな人間にチュソク特番の演出を任せるというのは、会社としても異例のことだっただろう。こうなった以上、会社が持っている放送インフラを積極的に活用するしかないと思った。そして視聴者からのあるコメントが頭にパッと思い浮かんだ。

「文明特急でスムドゥンミョン（こっそり聴く名曲）のコンサートをしてくれたら嬉しいな」

『文明特急』ではその時、学生時代からずっとプレイリストの中に生き残り続けている大切な曲だけれど、いざ「好きな曲は？」と聞かれると堂々と答えるのは少し恥ずかしい曲、いわゆる「こっ

＊12：中秋の名月とも呼ばれ、ソルラル（旧正月）と並ぶ韓国の二大名節の1つ。日本のお盆に近い。
＊13：「숨어 듣는 명곡（スモドゥンヌンミョンゴク）」、こっそり聴く名曲の略。

そり聴く名曲」をテーマにプロジェクトを進めていた。コンサートなら、すでに音楽番組を持っているSBSのシステムを利用できるし、「スムドゥンミョン」は『文明特急』ならではのオリジナリティもある。チャンネル登録者のコメントから、この2つの強みを生かせる最強のアイデアを得た。ミレニアル世代の文化を地上波で伝えるため、私たちウェブバラエティの挑戦が始まった。『スムドゥンミョンコンサート』を企画として立ち上げ、2000年代後半から2010年代初めに流行した歌に、もう一度スポットライトを当てることにしたのだ。このコンサートでは完全体のT-ARA出演やSS501の再結成を実現させ、さらにU-KISSとTEEN TOPのコラボ、TEEN-KISSも披露した。

この企画を通じてミレニアル世代は、10年前の思い出を振り返り、『文明特急』のTV版は収益をあげることにも成功した。放送後には、テレビ局運営や番組制作などを手掛けるCJ E&Mが発表したコンテンツ影響力部門で人気ドラマのtvN『秘密の森』と『青春の記録』に続いて3位を記録し、視聴率も2.3%と善戦した。さらに翌年もTV版の『コムヌンミョン コンサート』を製作し、SHINeeや2PM、AFTERSCHOOLやNine Musesなど、90年代生まれの視聴者にとって欠かせない存在だったアイドルたちに再集結をしてもらった。そして放送後、CJ E&Mが発表したコンテンツ影響力部門では1位を獲得した。

そこでもう一度、会社が私にとってどんな意味を持っているのか考えてみた。前に言ったように、昔は会社をコンテナボックス

のようなものとしか思っていなかった。そして会社がやれと言った仕事は死んでもやりたくない、反骨精神剥き出しの人間だった。だけど今は、お互いWin-Winの関係を結べるパートナーになれそうな気がしている。

　高校1年生の時、私にはイ・ナヨン（仮名）という友達がいた。同じクラスで波長の合う子だった。勉強のスタイルや好きな教科も似ていて、成績も同じぐらいだった。試験期間になると私たちの距離はさらに近くなった。試験範囲のノートを手分けして作って見せ合ったり、試験を忘れていないか毎朝確認し合ったり、夜間自習室に並んで座って、お互い起こしあいながら勉強したりしていた。彼女のおかげで私の成績もかなり良くなった。

　そんな私たちだが、仲が良かったのは学校の中だけで、外では一度も遊んだことがない。ナヨンの家がどこだったのかも知らないし、家族関係も思い出せない。そういえば、制服ではない私服姿のナヨンを見たこともなかった気がする。

　2年生の時はナヨンと別のクラスになった。私たちは時々廊下で会うと、なんだか気まずくて無駄にちょっかいを出しあう、そんな関係になってしまった。3年生になると、教室まで別々の階に

_____

＊14：「다시 컴백해도 눈감아줄 명곡（タシコムベックヘドヌンカマジュルミョンゴク）」、もう一度カムバックしても目をつぶる名曲の略。発売された当時はあまり応援できなかったが、時が経った今、再びカムバックしてもヒットしそうな曲のことを指す。

なってしまい、顔を合わせることすらなくなったけれど、私はナヨンと疎遠になって寂しいとは思わなかった。ナヨンもきっとそうだっただろう。

　だから会社とも、ナヨンとの関係のようになるのが理想だ。ずっとベタベタくっついているのではなく、ドライであっさりしているけれど、お互いのことを応援し合える関係。ナヨンのおかげで成績が上がったように、私は会社のおかげで大きなステージを企画することができた。優秀な撮影チーム、セットチーム、音響チーム、照明チーム、中継チーム、進行チームをそろえられたのも、会社という存在があったからだ。

　せっかくワンチームでやるのなら、もっと遠くまで行けるような方法を一緒に探したいと思う。会社の持つ放送インフラとリソースを積極的に活用していければ、自分がやりたいことも実現できる。そうすれば、もっといい番組を作れるし、それはすぐに視聴者にも伝わっていくのだ。この好循環は私が目指すPD像に近づくための第一歩でもある。

　と同時にナヨンと違うクラスになっても、大きなダメージがなかったように、会社がなくても自立して生きていけるよう、今スキルを積み上げている最中だ。一人の人間として周りに振り回されることなく仕事をしたい。けれど会社では同じ学校の先輩後輩のことをフォローしてあげなければいけない、飲み会には欠かさず参加しなければいけない、旧正月やチュソクにはカカオトーク

も送らなければいけない、という考えが自分の中にある。どうやらまだまだ私は、会社という組織から巣立つことができそうにないみたいだ。

　それでも私のやり方で、会社員としてではなく職業人として生き残っていきたい。もしダメだったらどうしよう、なんて怖がる必要はない。ナヨンと私の関係のように、会社と私の間に距離ができたとしたら、それもそこで終わりなだけだから。

ワガママに働く

―――

　時々、私の先輩にあたるリーダーが悩み相談をしてくることがある。90年代生まれの若いメンバーに対する理解が必要な時に呼びだされることがほとんどだ。「90年代生まれは、上の世代に比べてワガママだ」と彼らは口をそろえて言う。自分のやりたい仕事だけ頑張って、他の人たちがまだ帰れないにもかかわらず、さっさと一人で定時退社し、休暇中はカカオトークしてもほとんど既読スルーするという。しかもプロフィールには「カカオトークNG、電話NG」と書かれており、連絡する前からすでに心が折れると言っていた。中には会社をやめると騒がれて、傷ついたリーダーもいた。

　私はリーダーでもあり、90年代生まれでもあるので、どちらの気持ちもよく分かる。だけど変化していくためには、ある程度ワガママになる必要があると私は思う。もちろん、周りの人に迷惑がかからない範囲でというのが前提だ。

　リーダーの立場からすると癪に障るが、さっさと退勤してしま

う人がいてこそ、定時退社の文化が定着すると思っている。その
メンバーの穴を埋めるために、午前中の時間をうまく有効活用し
たり、不必要な報告や手続きをカットしたり、それでも残業しな
ければいけなくなった時は、次の日は遅く出社してもいいという
システムを導入したりするなど、色々なやり方があるはずだ。空
気を読んで座っているだけのメンバーしかいない会社では、こん
な改善案は絶対に出てこない。

　業務改善を実施し効率が上がれば、社員は仕事の楽しさを見つ
けられるようになってストレスも軽減できる。そうすれば会社と
いう空間をポジティブに捉えられるようになり、成果も一緒につ
いてくる。だから何もかも自分勝手な90年代生まれのせいにする
のではなく、彼らの特性を理解し、共存するための新しいスタイ
ルを示していくことが、経験豊富なリーダーたちの役割なのでは
ないかと思う。

　かくいう私も、自分のワガママな部分は隠さないほうである。そ
して最近、自分のこの特性をいい方向に活かす方法を見つけた。仕
事への情熱をキープするためのガソリンとして利用することにし
たのだ。

　ソウルの麻浦区孔徳洞に、おまかせ料理屋がある。高級なおま

―――
＊15：おまかせ。「오마카세」。職人おすすめのメニューを提供する料理屋のこと。主に寿司を
出すお店が多いが、最近では洋食や韓国料理にも「おまかせ」が使われるようになっている。

かせ料理屋とは違い、お店で使ってる木製のテーブルはミシミシといい、高価な食器も使っていない。けれどその店はいつも常連さんで溢れている。料理長が手首を痛め、もっと狭いところに移転してしまったけれど、場所が変わっても熱心に通い続ける常連さんが多い。そこで私は料理長に「なんで常連さんが足繁く通ってくれるのか考えたことありますか？」と聞いてみた。すると彼はこう答えた。「正直、お客さんの口に合わせるというより自分が食べたいと思う料理を作って出してるだけなんですけど……だからですかね？」と。

「お客様は神様です」という大昔の言葉のように、お店で出す料理はお客さんの好みに合わせて作るのが当然だとずっと思っていた。けれど本当は、自分が一番好きな料理でもてなすことが、結果的にお客さんにとってもプラスになるのだ。料理長が一番おいしいと思った料理が、世界で一番おいしい料理なのだから。

　料理長の成功の秘訣を、そのまま私の仕事に当てはめてみた。「世間の人たちは、どんな動画を面白いと思うんだろう？」と気にするのではなく、自分がその動画を見るために時間を費やしたことを絶対に後悔しないコンテンツを製作しようと決めたのだ。自分が見たいものを考えながら構成をすると、1分1秒が大切に感じられる。だから私は、視聴者が1分以上の時間を投資して見る価値のある内容かどうかを編集する時、基準にしている。

　その次に、仕事帰りの疲れきった身体を引きずり、やっとの思

いで着いた地下鉄9号線のホームで地獄の満員電車を待つ場面を想像してみる。目の前で急行電車を逃し、イライラしながら次の電車を待っている間、暇つぶしをしようとYouTubeを開くと、『文明特急』の新しい動画がアップロードされたと通知が来た。クリックをすると15秒間の広告が流れ出す。この時間、15秒が15分のように感じられる。「広告をスキップする」のボタンが出てこないので、少しずつストレスがたまり始める。YouTubeを切ろうとした時、ちょうど見ようとしていた動画がスタートした。せっかく広告まで見たし、このまま見続けようと思う。そんな時でもイライラが抑えられ、見る価値がある動画かどうかを熟考してみるのだ。地獄のような電車内でも『文明特急』を見ている時間ぐらいはあっという間に過ぎていってほしい。他人の時間に興味はないが、自分の時間は絶対に無駄にしたくないと思っている私は、そんな状況に置かれた視聴者が自分だと考えると、さらにコンテンツ製作にのめり込んでいくことができる。

　こうやって自分のために仕事をしているうちに、少しずつ私の強みが見えてきた。本当のことをいうと、K-POPについてほとんど何も知らなかった。私にとってアイドルといえば、BoAとBrown Eyed Girlsが最後。そんな中、あるアイドルグループから『文明特急』に出演させてほしいと連絡が入ったのだ。正直、そのグループに関する知識が皆無だったので、自分のためにもっと深くリサーチする必要性があると感じた。

　そして、メンバー一人ひとりの個性をハッキリと映し出し、動

画を作らなければいけないと思った。私がこのコンテンツを見る
なら、アイドルについての前知識がないと最後まで見ないような
気がしたからだ。アイドルと笑いながらおしゃべりをして、それ
で終わり。コンテンツを視聴してもらうためだとしても、動画を
見た後に何も残る情報がない。だから私たちは『カムバックマッ
チプ』という企画をスタートすることにした。芸能・エンタメ情
報番組のように、アイドルのカムバックを1つのニュースとして
扱い、「教養」の要素をひとつまみ、賑やかな雰囲気のコンテンツ
を楽しめる「バラエティ」の要素をひとつまみずつ入れた。教養
としてもバラエティとしても楽しめるような演出にしたかったの
だ。

そして私たちのチームでは、この漠然とした企画を「情報バラ
エティ」というふうに定義づけた。『カムバックマッチプ』への反
響はかなり大きく「アイドルに関する正確な情報と、メンバーそ
れぞれの個性が生かされていて、とても面白かった！」という
フィードバックをもらった。私たちの伝えたかったことが視聴者
へしっかりと届いたのだ。そして自分が得意なのは、このような
「情報バラエティ」の演出だと確信し、今はその分野のPDとして
のスキルを磨いている。

もし私が、特定のアイドルのファンのためだけにコンテンツを
作るのであれば、「アイドルの情報を伝える」という演出は入れな
かっただろう。ファンたちはすでにたくさんの情報を知っている。
だからといって、アイドルに詳しくない視聴者にも知ってほしい

という「優しさ」からこのコンテンツを製作したわけでもない。ただ単純に、アイドルのことがまったく分からない自分のため、「ワガママ」に盛り込んだ演出だ。実際に『文明特急』を通して、色々なアイドルの曲を知ることができたし、実力派メンバーがたくさんいることも知った。アイドルのコンテンツを製作する時間は私にとって、とても有益なものだった。そのおかげで『カムバックマッチプ』は視聴者から好感触を得ることができ、自分の強みも見つけられた。

　私たちの上の世代は、社会生活に私利私欲を持ち込むものではないという。けれどこれからは、個々人が持っている欲をポジティブに活かせる方法は何か、意見を出し合えるような雰囲気になっていってほしい。メンバーは自分の目標や利益になることを積極的にアピールして、会社やチームはそれをメンバーのやる気を高めるための道具として活用していくべきなのだ。みんなもう少しワガママに仕事をしてもいいのではないだろうか。そうやって働いていく中で新しい選択肢に出会えたら、それこそ"めっちゃ"ラッキーなのに。

＊16：カムバックマッチプ。「컴백맛집」。「컴백（カムバック）」は新曲を出すこと。「맛집（マッチプ）」は元々おいしいお店という意味だが、最近では「〜が優れている」の意味でも使われている新造語。『文明特急』の컴백맛집は、徹底して収集された情報をもとにゲストアーティストについて掘り下げる復習コーナーと、新曲を紹介する予習コーナーで構成されている。

最初の一歩は思っているよりも単純だ

——

　学生時代、私を苦しめていたのはいつも「最初の一歩」だった。ただ学校という場所は何かをスタートするのにいい環境だとは思えない。歩き始めは誰でも数日間、転んだりふらついたりするのが当たり前だ。けれど学校という囲いの中に足を踏み入れた途端、なんでも最初からうまくやらなければダメだと教え込まれ、私はいつもそれが気にいらなかった。

　中学3年生になると友達が突然、外国語高校[*17]の受験準備を始めた。何もしていないのは私だけ。なんだか周りから浮いている学生になったようだった。放課後、友達は全員、外国語高校の受験準備のために塾へ直行するので、一緒に遊ぶ子もいなくなってしまった。私も周りに流されて一度、母と一緒に塾へカウンセリングを受けに行った。担当の先生は私に一流大学に合格するためには、まずはいい高校に行かなければいけないと言った。最初のボタンをうまくかけることができれば、いい大学に進めると。一般高校[*18]からも一流大学へ進学はできるけれど、大学で外国語高校出身の子たちだけで固まってグループを作るから、一般高校出身は

マイナスイメージになるという（今考えると、本当におかしな話だ）。そして、米粒よりも小さい文字でぎっしりと埋め尽くされた時間割を見せながら、外国語高校に入学するには、夜中の1時まで塾に残って勉強しなければいけないと説明をしてくれた。

　カウンセリングが終わると、母は私に家に帰って寝たらと言った。私はこういう時だけ、親の言うことをよく聞く子どもだったので、その日は思う存分寝た。そんな時間にも周りの子たちは、最初のボタンを上手にかけるために、外国語高校受験コースの準備をしていた。学校の授業中に外国語高校の受験勉強をしたり、数学の時間に塾の英語のリスニングの宿題をしたりする子もいた。

　中学卒業を控え、正門には外国語高校に進学が決定した子たちの名前の入った横断幕が掲げられていた。すでに韓国最高学府のソウル大学に進学間違いなしかのような祝福を受けていたけれど、一般高校に進む私の名前は、残念ながらその横断幕になかった。私もその子たちと同じように勉強をするために高校へ行くのに、なぜ外国語高校に進学する子たちだけを応援してあげるんだろうと思っていた。どうやら自分は、学校が望むような人材ではなかったらしい。

＊17：当初は外国語専門人材の育成が目的だったが、一流大学への進学率が高いため、最近では一流大学に入るために外国語高校に進む学生も多い。略して외고（ウェゴ）ともいう。
＊18：日本でいう普通高校。特定の分野だけでなく、多様な分野の一般的な教育を実施する高校のことを指す。

高校生になると、私たちには社会人として順調なスタートをきるために、いい大学に合格しなければならないというミッションが課せられる。特殊目的高校に進学する理由が一流大学に進むためであるように、将来、大企業で働くためにいい大学へ入るのだ。3〜4年後の未来の自分のために、高校生のうちから頑張っておけということである。「大学が人生を左右する」というフレーズにウンザリしながらも私は勉強した。どのくらい人生が左右されるのかなんて、知ったこっちゃないけど、大人たちがそう言うから仕方なく頑張った。

　そんなスローガンを毎日聞かされながら勉強をしていた私だったが、いざ入試[20]が終わると、なんだか虚しい気持ちになった。第一志望の大学に合格できなかった私は、12年間の学生生活を全て否定された気分だった。人生19年のうち12年もの時間を学校で過ごした、人生を捧げたと言っても過言ではない場所で、私が最後に受け取ったのは入試の成績表と不合格通知だった。

　ところで学校というやつはなぜ、あんなに横断幕に執着するのか……。高校には「ソウル大学入学○○○、△△△、◇◇◇他10名、おめでとうございます」と書かれた横断幕が掲げられていた。まるで彼らは、すでに一流企業の役員にでもなったかのような祝福を受けていた。またしても私の名前はそこになかった。横断幕に自分の名前も入れてほしいとか、そういうことではなく、なぜ中学校の時からずっと扱いに差をつけるのだろうと思っていた。優秀な奴らのスタートだけ応援して、何か大きな意味でもあるのか？

私のように少しできの悪い学生たちの健闘を、もっとたたえてくれたっていいじゃないか。私なら「無事に入試を終えたホン・ミンジ他500人、おめでとうございます」と端っこにでもかけておくのに。けれど当然そんなことなどできず、私は寂しく高校を卒業した。

　いい大学で人生をスタートさせなければいけないというプレッシャーは、大学生になると良い会社に入らなければいけないというプレッシャーに姿を変える。社会人として一歩を踏み出す時に、それなりの名刺ぐらいは持っていないといけないからだ。だから、私は大企業の適性検査の勉強をした。入試の時のように図書館に籠り、ひたすら問題集を解いた。適性検査のために勉強をする意味はいまいちよく分からないけれど、これをしないと社会に出たと時基本的な人間性が備わっていない、自分の適性が何かも分からない人という扱いを受けそうだった。

　自己紹介書を添削し、面接のグループ練習をした。人生で初めて髪の毛をきっちり結び、真っ黒なスーツも着た。一緒に面接の練習をしていたメンバーが、サイドの髪はきっちり留めたほうがいいと言うので、アドバイス通りにやってみたけれど、自分の姿はどこか不自然だった。そうやって、頑張って個性を消して臨ん

＊19：特殊分野の専門的な教育を目的とする高校のこと。科学高校や外国語高校などがこれに該当する。
＊20：毎年11月中旬の木曜日に行なわれる「大学修学能力試験」。通称「修能(スヌン)」。日本の大学入学共通センター試験にあたる。

だ大企業の面接も、最終的に落とされた。私はこのままずっと社会から取り残され続けるのだと思った。

　そんな時に、SBSのニューメディア局のインターン採用の応募が始まった。自分が目指すべきスペックとは全く関連性がなかったけれど、とりあえず応募してみた。たまたま合格できたが、正直インターンというよりは学生アルバイトに近かった。けれど、久しぶりに「合格」という二文字をもらった私は、楽しみながら働いていた。そんなこんなで始めた仕事だったが、コンテンツを作るという作業は私の適性にピッタリだった。本当にたまたま軽い気持ちで始めたことが、自分に合う仕事を見つけるキッカケとなったのだ。

　社会で働きながら感じたのは、始まりは思っているよりも単純だということだ。絶対に素晴らしいスタートを切らなければいけないという固定観念を捨てたら、できることの範囲がかなり広がる。大学生までは、いい運動靴を履かなければ競争に参加する資格が得られないと思っていた。裸足で行ったら入場する権利すらもらえないと思っていた。仮にやっと競争に参加できたとしても、みんなから後ろ指をさされるのだろうと怖気づいていた。けれど、入場する権利をもらえないのなら、端っこで自分だけのトラックを作って走ればいい。周りの人から何か言われたとしても、脇目もふらず前だけを見て走り続ければいいのだ。それが分かってから、うまくスタートをきれなかった自分のことも応援できるようになった。

だから私は、なんでもまずはやってみようと言える人でありたいと思う。スタートでつまづいたとしても、結果までダメになるとは限らない。いい運動靴がなくても、とりあえず裸足でスタートラインに立つことに慣れていけばいいのだ。踏まれて汚されるような運動靴がないからか勇気を持って立ち向かうことができるようになる。

　だから私はこれからも「なんであんなことしてるの？」と人から思われるようなことをやっていくつもりだ。最終的に生き残れればいいのだから、はじめからカッコよくある必要はない。ちっぽけでつまらない、こんなことやっても仕方ないと思いながらも何かを始めようとしている人がいたら、同情より励ましの言葉をかけてあげてほしい。そしてもし近くに、これから一歩を踏み出そうとしている人がいるのなら、もう少し気楽に考えて大丈夫だと声をかけてあげてほしいと思う。

マイナーには失敗する権利がある

———

　文房具店に売っていたゴム動力飛行機の工作キットを覚えているだろうか？　私が通っていた小学校では、長期休み明けごとにゴム動力飛行機の大会が開催されていた。私はこの大会に対してかなり本気で、長期休み中はずっとゴム動力飛行機の製作に夢中だった。しかしその情熱に比べ、大会での成績は振るず……。自分の飛行機は、他の人のものより勢いよく地面に突き刺さって翼はボロボロになり、準決勝に進むことさえできなかった。

　6年生の時は、大会に出られる最後のチャンスということもあり、今回こそは優勝したいという思いがとても強かった。今まで勝てなかったのは、安いゴム動力飛行機キットのせいだと思っていた私は、母にもう少し高いものを買ってほしいと頼みこんだ。たしか文房具店には2,000ウォンと10,000ウォンぐらいの2種類のゴム動力飛行機が売っていたと思う。母はその時「無駄な使い方はしないように」と言いながら、2,000ウォンをくれた。

　優勝していたのはいつも、高いゴム動力飛行機キットを使って

いた子たちだった。私も同じレベルの飛行機で競いたかったのに、母からもらったお金では彼らと同じスタートラインにすら立てなかったのだ。それが悔しくてたまらなかった。だから私は母のことを恨んだ。目標は大会で優勝することだったから……。

けれど反対に母の立場で考えてみると、10,000ウォンもするゴム動力飛行機は、無意味な買い物だったはずだ。成績に反映される大会でもなければ、優勝者に賞金があるわけでもない。運動場の端っこで開かれている子どもたちだけのリーグ、少し恥ずかしくなるような規模のゴム動力飛行機大会。強いていうなら、担任の先生へ「自分の娘は有意義な休みを過ごしていましたよ」という証明ができるくらいだろう。そんな大会より、数学コンテストで1位を獲るほうがいいに決まっている。それに休みの間ずっと、ゴム動力飛行機作りに時間を割くより、数学塾に行って1問でも多く問題を解くほうが生産的だ。母にしてみれば、友人の娘さんはすでに中学3年生で習う範囲の数学の先行学習を進めているのに、自分の娘ときたら塾の宿題すらも後回しにして、ゴム動力飛行機作りに熱中するなんてと、イラついてしまうのも無理はない。今なら、母が私へあんなふうに言った理由が分かる。あれは大人たちの基準で下した妥当な判断だったのだ。

なぜ突然こんな話をしたかというと、その時に私が感じていた感情と「なぜ90年代生まれが、ニューメディアの主軸なのか？」という問いに対する答えが、とても似ているからだ。2015年初めのニューメディア業界には、2,000ウォンのゴム動力飛行機が必要

だった。ニューメディアは90年代生まれだけのリーグ、恥ずかしくなるようなスケールの二流メディアみたいなものだった。ビジネスとしての先行きは保証されていないし、ニューメディアに関して知識のあるベテランもいない。前例のないチームであるがゆえに、わずかな給料でも情熱を持って挑戦してくれる人材が必要だっただけなのだ。

そうなると会社としても社会に出る直前の、まだ大学を卒業していない90年代生まれの人たちを、インターンとして採用するのが一番妥当だった。就職するためなら好き嫌いせずなんでもやります！というバイタリティもあるし、少ない給料でも我慢して働く新社会人としての純粋さも持ち合わせているから。こんな理由でインターンとしてニューメディア業界で働き始めた私だが、小学生の時に母に対して覚えたもどかしさに似たようなものを再び感じた。

私はニューメディアに対して本気なのに、みんなは「やめておけ」と言った。未成熟な業界だから、他社でキャリアとして認めてもらうのは難しいし、新卒で別の会社に入社する時に役立つスペックにもならないからである。ただの通過点にすぎないと思ってやったほうがいいというアドバイスをたくさんもらった。誰も認めてくれないこの業界でキャリアを積むより、若いうちに1日でも早く地上波の番組を作るADになることが、先輩たちの基準では合理的な判断だったのだ。会社も先輩たちのことも今なら全部理解できる。

小学生の時に話を戻そう。6年生だった私は、2,000ウォンのゴム動力飛行機セットで絶対に優勝すると心に誓った。仲良しだった文房具店のおじさんは、事情をよく知っていたので輸入品の輪ゴムを無料でくれた。おかげで2,000ウォンのセットで作った飛行機に弾力性のある輪ゴムを装着することができた。この飛行機で勝つためには、他の子たちよりもっとたくさん練習しなければと思った。かなりいい輪ゴムを使ってはいたが」、やたら飛ばし続けていたら、大会に出る前にゴム動力飛行機がダメになってしまった。

　けれどお小遣いでもらった5,000ウォンで、新しい2,000ウォンのゴム動力飛行機を買えたので問題はなかった。2つ目のゴム動力飛行機は、最初よりバランスのとれたものを作ることができた。1つ目のゴム動力飛行機が経験になったのだ。そうやって2,000ウォンのセットで頑張り続けていたら、自然と腕前も上がっていった。

　このプロセスも、ニューメディアで働きながら感じる気持ちとよく似ている。悔しくてやりきれない分だけ、私には失敗する権利が十分に与えられているのだ。失敗したとしても会社に大きなダメージは与えないし、叱ってくれる上司もいない。だから私は毎日新しい動画を製作して、仕事の基礎体力をつけていった。誰の目も気にせず、やりたいことはほとんど全部やってみた。動画についたコメントを見て、視聴者がどんな部分を不快に感じ、そ

して支持してくれるのか、反応を観察することもできた。

　間違いをノートにまとめるのと同じように、私は視聴者からのフィードバックを記録しておいた。新しく動画を作る時、視聴者が好んでいたポイントは活かし、指摘を受けたところは同じ失敗を繰り返さないよう努力をした。会社が要求することではなく、視聴者が望む方向に力を入れていった。すると、世知辛いニューメディアで孤軍奮闘している若者たちに力を貸してくれる先輩たちと出会うことができた。そして恩師と呼べる先輩にも、私の体調を家族より心配してくれる先輩にも、悩みがあると言えばすぐにカフェに連れていきコーヒーを買ってくれる先輩にも出会うことができたのだ。これは個人的に「ニューメディアで働いているからこそ得られたメリット」だと思っている。

　私が働き始めた頃に比べると、現状は少しよくなった。けれど、社会人1年生の情熱と純粋さに頼るという部分は相変わらず変わっていない。そういう状況をまじまじと見せつけられると正直、頭にくる。そうしたらなぜ、ニューメディアで働き続けているのか、という質問もたくさんもらう。

　私がこの業界にずっと残っているのは、まだまだ失敗したいと思っているからだ。チャレンジしてみたいコンテンツがたくさんある。会社が私の若さを利用するように、私も会社を利用することにしたのだ。だからこれからも気軽に失敗し、そして思う存分、挑戦していくつもりだ。前例もなければ、先輩もいない。私に何

か言ってくる人なんていないだろう。だから、2,000ウォンのゴム動力飛行機でたくさん失敗しても、一つひとつしっかりとスキルを身につけておけば、いつか10,000ウォンのゴム動力飛行機が私の手元へやってきた時、誰よりも上手に飛ばせるようになっているはずだ。

ワラベル（ワークライフバランス）の基準は
自分で決める

——

　朝起きて、シャワーを浴び、会社に行く。

　夜になったら、バッグを持ってタクシーに乗り、家に帰る。

　これまでの5年間を振り返ってみると、そんな記憶しかない。プライベートは諦め、月曜日から日曜日までの週7日間、ひたすら働いた。撮影がない日は、12時間以上ずっと動かずに編集をした。メガネをかけても見えづらいほど視力は落ち、運動不足で椎間板ヘルニアにもなった。会社はきっと戸惑うだろう。何もここまでしろとは頼んでいない、勤務時間は減らせと言ったはずなのにと。

　私はスポーツ選手になったことはないけれど、彼らの気持ちは少し分かる。なぜかというと、大会に出場するため厳しいトレーニングをこなす彼らみたいに、訓練を繰り返してやっと1本の動画を生み出すことができるようになったからだ。私は仕事をトレーニング、そして練習だと思いながら、ひたすら動画を作り続けた。

　実力がつけば、仕事の時間も減るものだと信じていた。突然だ

が、ここで編み物を例にあげてみよう。初めは一番簡単な裏編み
でマフラーを編み始める。作っているうちに縄編みも混ぜたくな
る。次に作る時は、ポンポンをつけたくなり、さらにいろんな色
の糸を組み合わせて編んでみたくなったりしないだろうか。そう、
上達するとマフラーを編む時間が減るのではなく、逆に増えるの
だ。自分のスキルがアップした分、視野が広がって挑戦したいこ
とも多くなり、結果的に仕事量は決して少なくならないのである。

　給料分しか働かないと決めていたなら、私はとっくに会社をや
めなければいけなかった。ワラベル（ワークライフバランス）を実現
したいのなら、コンテンツの質を下げなければならなかった。け
れどそんな外部的な要因で、やりたいことを簡単に投げ出してし
まうのは嫌だったのだ。一体なんのためにこんなに働いているの
か。ジェジェオンニ、そして当時メンバーだったヤニと真剣に話
したことがあった。「私たちは給料もそんなにもらってないのに、
なんでこんなに頑張れるんだろう？」と。

　理由は全員同じだった。その過程が楽しいから。全てを放り出
したくなっても、結局はブレストしながら、いつの間にかお腹を
抱えて笑っている。ヤニが「オンニ、U-KISSの『Man Man Ha Ni』
のキリングパート[*21]はこれです！　キツネのようなgirl、シーマッ！」
と歌いながら、ステージの動画を見せてくれた。ジェジェオンニ

＊21：「Killing Part」。 主にK-POP界隈で使用されている用語。 短い時間で強烈な印象を残す
パート、 中毒性のあるパートのことを指す。

は、それを見てすぐにマネをした。そんな楽しいブレストの雰囲気は、そのまま撮影まで続いていった。U-KISSのリーダーであるスヒョンから「キツネのようなgirl」の振り付けのビハインドストーリーを聞いた時、現場でもどれだけ笑ったか分からない。

　過程がこれだけ楽しいのだから、編集でも面白く仕上げたいという欲が湧いた。一晩中編集をしても、時間が経つのを忘れるぐらい楽しかった。一番笑えるタイミングを見つけるために研究をする自分の姿も、なんだか笑えた。会議から編集まで大爆笑しながら完成させたその動画のノリは、視聴者にそっくりそのまま伝わり、反応も私たちと同じだった。今まで見た動画の中で一番面白かったというコメントもついた。そんな反応を見ると、給料やワラベルを保つよりももっと大きな手応えを感じることができた。この感覚に味をしめ、私はまた次の動画製作に入る。番組を作る全ての日々が楽しいわけではないけれど、それでも大半の日はワクワクしながら働いている。

　そしたら、私だけがこんなふうに楽しく仕事をしていていいものなのだろうか。一人でやっている時は分からなかったけれど、チームとなると、仕事に対する私の姿勢が同僚たちに被害を与えかねないということを悟った。メンバーたちが徐々に自分のようになり始めていたのだ。頼んでもいないのに「これだけ終わらせてから帰ります」と夜の8時まで編集していたかと思えば、次の日は夜9時まで、そのまた次の日には夜11時まで、そしていつの間にか夜の12時までやるのが、まるで当たり前になっていた。お

願いだから退勤してと言っても、全員ピクリともしなかった。

　まずいと思った。私の姿を見て後輩たちもそれをマネしていたのだ。誰にもやれとは言われていないけれど、いいコンテンツを作りたくて、自ら進んでトレーニングしているということを誰よりも私が一番よく分かっていたので、強く止めることはできなかった。彼らは自分の限界点を探っている最中なのだから。

　けれど、私が大切にしている人たちがあんなに根を詰めて仕事をする姿を見ると、健康面が心配なのはもちろん、給料の割に無理して働いているような気がして胸が痛んだ。だから自分が率先して席を立つことにした。やろうと思えばもっとできるけれど、ある程度目安を決めて諦めることにしたのだ。勤務時間を遵守するために『文明特急』のコンテンツ数も減らした。アイデアがたくさん思い浮かんでいても、わざと口には出さなかった。そして編集チームの勤務時間を守るために「やってみよう」のかわりに、まず「やめよう」と言うようになった。

　だからだろうか。番組から新鮮さが消えた。視聴者たちの残念がる声は大きくなり、私の仕事の成果は落ちた。けれどもチームのワラベルは以前よりかなりよくなった。2つとも得ることができれば一番いいけれど、それ自体が「欲」なんだと今なら分かる。

　目標を達成するために、どこまで頑張って働くべきなのだろうか。自分の全てをかけたい気もするけれど、あまりに力を注ぎす

ぎるのもなんだか違う。どこで線を引くのか、その線を見つける
のがとても難しい。世間も 10 年前は青春を生きる若い世代に対し
て、「つらいから青春だと、情熱を全て捧げろ」と言っていたのに、
今は「苦しむな、全て抱え込むな」と言う。私は以前から、若い
世代のある 1 つの側面しか見ていないのが、なんだか気に入らな
かった。

　必ずしも 2 通りのやり方から 1 つを選択しなければいけないとは
限らない。2 つの間を行ったり来たりしながら生きてもいいのだ。
青春を全て捧げるのだとしても、ある瞬間プツリと切れたら少し
休んで、充電が終わったら、またそこから頑張って生きていけば
いい。どちらか 1 つを追求しろという極端なアドバイスは、実際
のところ役に立たない。むしろ 2 つの間でバランス感覚を身につ
ける力のほうが必要だ。そうすれば、失敗した時のダメージも少
なくて済むのだから。

　障害物に引っかかり挫折しても、私がもう一度立ち上がるまで、
誰かが待っていてくれるだろうという優しさに期待することはで
きない。「越えちゃいけない線はここ」とハッキリ教えてくれるよ
うな人もいなければ、どんな状況にも当てはめられる正解のよう
なものもない。個々人が持つそれぞれのペースで、続けられるリ
ズムを見つけていかなければいけないのだ。どのくらい、どこま
で、どの程度の仕事量を頑張ってこなせるのかは、自分で試して
みなければ分からない。

私は１年のうち３か月は一心不乱に働き、次の３か月は少し力を抜くというスタイルで、シーソーに乗るかのようにバランスを取りながら働いている。だから３か月は成果が出せなくても、まずは自分を許してあげるのだ。また３か月経ったら仕事だけに集中する時間がやってくるから。けれど疲れが抜けきっていないのならば、さらに休む期間を増やしたっていい。そうやって上手な力の抜き方を覚えることができれば、もう勝ったも同然だ。

仕事と私の共通項を見つける

——

　カメラの前に立つことが好きな人とそうでない人がいるとするならば、私は当然後者だ。目の前にカメラがあると、どうしたらいいのか本当に分からなくなる。旅行でも風景の写真ばかり撮って、自分の写真はあまり撮らないほうだ。

　中学生時代、一番仲がよかった友達は、休み時間になるとロッカーの前で、東方神起の『Rising Sun』とBoAの『Girls On Top』を踊っていた。ロッカーの前でダンスをする生徒と、絶対に踊らない生徒がいるならば、その場合もまた私は後者である。隣でずっと見ているだけだった。私は踊ったり歌ったりしたいという欲が全くなくて、休み時間になると汗をダラダラと流してダンスをする友達が不思議でたまらなかった。

　ある日友達から「自分のダンスをチェックしたいから、チョコレートフォン[*22]で動画を撮って」と言われ、いつも観客だった私は動画の撮影を任された。友達のダンスがもっとよく見えるようにフルショットで広く撮ってみたり、面白い表情をしていたらもっ

と顔にズームしてみたり、ダンスに動線があればカメラワークをやってみたりもした。ロッカーの前がとても地味だったから、場所をあちこち変えながら踊ってもらったりもした。ただの観客だった時よりはるかに楽しくて、自分にピッタリの役割だった。

　今、私がこの仕事が好きなのは、中学生時代の自分の姿が大きく影響していると思う。何も考えずに、友達と遊んでいたあの時の感情を今も働きながら感じている。友達を撮ってあげるのが好きだったように、出演者を撮影している時、私は幸せなのだ。自分が注目されるより、友達が注目されることのほうが嬉しかった中学生時代のように、『文明特急』を通して出演者に関心が集まると、喜びを感じる。カメラの前に立つのが苦手で、注目されることが嫌いな私のような人間に向いている仕事だ。

　この特性は、とりわけ仕事をする場面で役に立つ。演出を担当するPDが目立ちたがり屋の場合はかなり困ったことになるだろう。私は実際、自分が注目されたいと思っている監督に会ったことがある。彼はある一人の出演者について、こう愚痴をこぼしていた。

「私がキャリアを作ってやったのに、お礼も言ってこないんだ。あの番組のおかげで、アイツはブレイクしたのに」

———
＊22：LGが2005年11月にリリースした携帯端末。日本のスライド式携帯にあたる。

その人は出演者にスポットライトが当たると嫉妬し、自分にボールがくることを望むタイプだった。私は内心、演出サイドの人間として注目される場を作りはするけれど、自分に見返りを求めないほうが周りの人も気を使わずに済むんだろうな、そう思った。そして幸いにもそれは私にとって、とても簡単なことだった。

　私を含むほとんどの人は、学校や職場で中心に立つ機会がほとんどない。スピーカーとして前に出たり、発言権を与えられたりしたとしても、自力でその場に立てるようになったわけではないだろう。だから自分が貢献した部分はあるかもしれないけれど、注目されないからといって胸を痛める必要はないのだ。反対に自分の頭の上だけに、スポットライトが当たっているからといって威張る必要もない。

　これまでの社会人生活を振り返ってみて、この職業は私が元々持っている性質とマッチしていると思った。仕事のために自分のスタイルを無理に変えなくていいから、ストレスもそれほど大きくない。だから向こう5年ぐらいはこの仕事をやり続けられるような気がしている。好きなことを仕事にできている私は本当にラッキーだ。けれど私は今、次のステップに進まなければいけない時が来たと感じている。好きなことだけをやって生きる幸せは十分享受したから、これからは嫌だと思うこともやっていかなければならないのだ。

　私が苦手なのはお金にまつわることだ。お金を稼いだり使った

りすることには、全く興味がない。私にとってカバンはただ物を入れるための風呂敷みたいなものだし、財布はカードをなくさないようしまっておく巾着みたいなものだ。だから高いカバンや財布を買うためにお金を使うこともない。お酒は嫌いだから飲み代は浮くし、食欲も旺盛なほうではないので、食費もそんなにかからない。家も私一人が横になれる場所さえあればいいので、広い家に対する憧れもない。

　なぜ突然こんな話をしたかというと、この番組も同じようなマインドでやってきたからである。『文明特急』自体、初めからお金を稼ぐことに興味がなかった。メンバーたちが働きやすい環境を整える時、一番初めに必要なのはお金のはずなのに、ずっとスルーをしてきた。お金を稼げばもっと製作費を使えるようになる。いいカメラを借りられるようになって、立派なスタジオが準備できるようになる。それにお金があれば、もっとたくさんのメンバーを採用して、業務負荷の改善もできる。さらにお金があまった時は、メンバーたちにおいしいご飯をごちそうすることだってできるのだ。

　これからはお金のせいで、できていなかったことを実現するため、番組が利益を出せるよう力を尽くしていこうと思う。そのためにスポンサーと積極的にコミュニケーションをとり、PPL[23]を入

＊23：英語の「Product Placement」の略語。映画やドラマで、実在の商品などを登場させる広告手法。間接広告ともいう。

れる枠もスポンサーに気に入ってもらえるタイミングを用意する。その一方で、視聴者に煩わしさを感じさせてはいけない。お金を稼ぐのは本当に難しい。

　適性に合う仕事をしていれば、ただ楽しいだけだと思っていた。しかし自分が嫌いなことや苦手なこともやらねばならない瞬間は必ずやってくる。それでも、グッと我慢できるのは、もともと好きで始めたことだからだ。中学生の時、ロッカーの前で踊る友達の姿を撮っていた、あの時の純粋な気持ちを忘れずに、現実と折り合いをつけながらこの仕事を続けていきたい。好きなこと、嫌だけどやらねばならないことを、うまく混ぜ合わせて働いていけるのが一番いいけれど、その黄金比率はどのくらいなのだろうか？これからの5年間はその黄金比率を見つけることを目標に、仕事をしていこうと思う。好きなことを嫌いになる瞬間が訪れないようにするために。

復讐のチャンスは必ずある（はずだ）

　毎年5月15日の「先生の日[24]」になると、思い出す人がいる。今までの私の人生の中で一番大切な教訓を与えてくれた人物だ。彼と出会ったのは私が大学3年生の時だったと思う。当時私は、時給7,500ウォンで、撮影現場で韓国人スタッフと英語で意思疎通をとる外国人モデルの通訳をするアルバイトをしていた。

　外国人モデルたちのほとんどが20代前半で、当時大学生だった私と同世代だった。その中でドイツ人モデルのケイト（仮名）と撮影現場が一緒になることが多かった。私たちは自然と仲良くなり、本当の友達のようになった。彼女は、アジアでしばらくモデル活動をするためやって来たらしいが、韓国がとても気に入ったので日本には行かず、数か月間そのまま韓国で仕事をすると言っていた。

＊24：韓国の記念日の1つ。毎年5月15日に、学校の先生や恩師などお世話になった人へ感謝を伝える日。

ある日、ケイトと私はファッション撮影の現場で再会した。スタジオに入るや否や監督の豪快な笑い声が響き渡った。そして監督はケイトを見るなりこう言った。

「お！　こいつか？」

　私は通訳として彼の話を注意深く聞くしかなかったけれど、その短い一言からデリカシーのなさを感じた。本人は豪快に気概溢れる初対面の挨拶をしたつもりだったのだろう。一言目から、この先の撮影が思いやられてしまうような発言だったが、私はとりあえず「Hi」と通訳した。

　ケイトは彼女なりに韓国文化を尊重し丁寧に挨拶をして、撮影準備のためにメイクアップルームに入っていった。私は外で待機していたが、その時監督とスタッフのある会話が耳に入ってきてしまった。本当は聞きたくなかったけれど、あまりにも大きな声で話していたから聞こえてしまったのだ。「外国人が来たから、スタジオが華やいだな！」って。

　指摘をしようにも、一体どこからツッコんでいけばいいのか分からないぐらい失礼な人だった。ケイトが韓国語を理解できないからとはいえ、私はなんとなくこの会話が、メイクアップルームまで聞こえてしまったらどうしようとハラハラしていた。けれど、その後の無礼な振る舞いに比べたら屁でもなかった。では、これから私の「反面教師」が行った蛮行の数々について話をしていこう。

ケイトの準備が終わり、本格的な撮影がスタートすると、ダルそうにカメラを持ちながら、監督が私にこう聞いてきた。「どこの奴だ？」あぁ……。心の底から殴ってやりたかったけれど、私の力なんてたかが知れているので我慢をした。監督にその質問おかしいですよ、と教えてあげるために「どこの国の人かってことですよね」と訂正して聞き直した。すると彼はうんともすんとも言わず、片方の眉をピクッとあげただけだった。その瞬間、私のヘボいパンチでもいいから、食らわせてやりたいという気持ちが込み上げてきた。が、その気持ちはグッと抑えてドイツ人だと答えると、返ってきた言葉は「ロシアかと思ってたんだけど!?」だった。

　最後まで「〜な奴、こいつ」と呼ぶ彼の清々しいまでの教養のなさに、なんだか私のほうが恥ずかしくなり、どこかに隠れてしまいたかったけれど、そんな場所などなかった。ただケイトの手をひいてすぐに帰りたかった。通訳アルバイト6か月目にして初めて出会った最強のヴィランだった。撮影中の監督の言動全てに問題があった。けれど私は一人の学生に過ぎず、ケイトの仕事に対して責任を取ることはできないから、我慢するしかなかった。他の発言は、私がどうにか言い換えて通訳をした。しかしこれだけはどうしても通訳できないと思った発言が1つあった。

「Aカップか？　もうちょっと胸を寄せろって言ってくれ」
　心臓の鼓動が一気に早くなり、ケイトに聞こえていないか心配になった。この監督はモデルを、ただの商品、人形としか思って

いないようだった。いや、私はそう確信した。彼は明らかに、モデルを自分と同じ一人の人間として扱っていなかった。何も言えずにいる私を見て、監督はとっとと通訳しろとでもいうように、また眉をピクッとあげた。私が早くケイトに伝えないと、もっと無礼でひどいことを言うだろうと思った。少し躊躇いながらも、監督のゴミのような発言を私はこう片付けてしまった。「ジャケットのシルエットがもっと分かるようにポーズをとってください」と。

ケイトはポーズをしっかりと決めてくれた。それ以降も似たようなシチュエーションがずっと続いたけれど本書のレベルをこれ以上落とさないために、この話はこの辺で終わりにする。そして撮影はスタート時と同じように、監督の豪快な笑い声と共に終了した。ヘトヘトだった私は、メイクを落としに行ったケイトを外で待っていた。その場で撮影を中断させることができない自分の立場がとても惨めに思え、この現状がとても悔しくて目の前が真っ白になった。

外に出てきたケイトに、一生懸命笑顔で「もう帰ろう」と声をかけると、彼女はこう言ってきた。「ミンジ、私、韓国語は理解できないけど雰囲気で分かるの。あの監督本当にひどかったでしょ?」私は言葉を失った。すぐにでも、今履いてるスリッパでタバコを吸って帰ってきた監督をひっぱたいてやりたかった。
「うん……。ほんとろくでもない奴だった」
「私は大丈夫だから。あれよりヤバい人にもたくさん会ってきたし」

ケイトは逆に私を慰めてくれた。今まで何度も無礼な人から、心ない言葉を浴びてきたのはケイトのほうなのに。

　社会に出る前の学生時代にこの監督に出会えたのは、私にとってすごくラッキーなことだった。自分は撮影現場で演出サイドの人間としてどうあるべきか、しっかりと考えるキッカケになった。（もちろん現場にはこんな人たちばかりがいるわけではない。素敵な監督やスタッフたちのほうが多い。）『文明特急』の現場が終わった時、スタッフと出演者たちに「今日の撮影は楽しかった」と思ってほしい。その日、現場にいた全員にいい思い出として残るような時間にすることが、私の役割でもあるのだ。

　こう思いつつも、私はあのしょうもない監督にはいつか復讐をするつもりでいる。どんな手段でやり返してやるかというと、私がもっと力をつけ、あの監督のような態度で働く人たちの仕事を奪っていくのだ。名前と顔は覚えていないけれど、そういう人たちのポジションを全て奪っていけば、その中の一人にきっとあの監督がいるはずだから。少し時間はかかるかもしれないけれど、それでも私の達成したいことリストの1つとして、この復讐は続けていこうと思っている。

問題児には上も下もない

———

　スブスニュースチームの1つ目のスローガンは「SBSの問題児」
だった。しかし自分たちが本当に問題児になっている気がしたの
で、スローガンを変えることにした。会議でメンバーが「ニュー
スに上も下もない」はどうかと、私たちが目指す方向とピッタリ
のものを提案してくれた。満場一致でそのスローガンに変更をし
た。

　だがこの話を聞いた上司たちは、あまりいい顔をしなかった。
「上も下も」はあまりにも不躾な表現に見えるから「下も上も」ぐ
らいに変えたらどうだ、という意見もあった。けれど私たちはそ
の上司の意見に対し、立場もわきまえずこう答えた。

「申し訳ないんですけど"下も上も"は、本当にパッとしないと思
います。だからこのまま"上も下も"でいきますね^_^」

　これを聞いた上司の反応はというと……？

「下も上もは微妙なのか？ （笑）分かった、じゃあそのままでいこう」

　傍から見たら"最近の若者"がああだこうだ言ってる、礼儀がなってないというふうに見えるかもしれないが、私が属するチームの中ではごく自然な会話の流れだ。私の社会人生活のスタート地点であるスブスニュースチームでは「違うことは違う」「嫌なことは嫌だ」と口に出すのが当たり前だった。テーマを選ぶ時も、リーダーは一番若かった私たちに決定権を与えてくれた。

　そして私たちはお互いを職級ではなくニックネームで呼び合っている。スブスニュースチームに来る前、ニューヨーク特派員として働いていた当時のリーダーはこう言った。「我々はニューメディアチームだから、呼び方もニューヨークスタイルでいこう！」と。どの辺がニューヨークスタイルなのかはよく分からないけれど、私たちはSBSで唯一、職級や先輩後輩の呼称を使わず、ニックネームでお互いを呼び合うチームだ。

　このチームで2年間働いているが、私を一番苦しめたのはハ・デリックである（参考までにデリックは、リーダーであるハ・デソクのニックネームだ）。私はデリックに、以下のようなことをよく言っていた。

「最悪です」
「微妙ですね」

「視聴者は好きじゃないと思います」

「なんでそんなに古臭いんですか？」

「もう一度考えてみたほうがいいと思います」

　そして、デリックは次のようなことを私によく言っていた。

「すまない」

「私に責任がある」

「もっといいアイデアがあったら教えてくれ」

「最近は何が流行っているんだ？」

「そうか、じゃあもう一回考えてみよう」

　私にとって初めてのリーダーがこんな感じの人だったので、他
の組織も全て同じだと思っていた。けれど、自分のチームが少し
変わっていると感じたある1つの出来事があった。仕事の関係で
他の会社とミーティングをした時、リーダーと社員の間に上下関
係と妙な緊張感があるような気がしたので、私はハ・デリックに
聞いてみた。

「デリック、本来はリーダーに対してあのくらい礼儀正しいもの
なんですか？」

「私が社員の時はあんな感じだった。今もほとんどそうだと思う
よ。だからいまだに我々のチームの雰囲気に適応できないリーダー
も多いんだ」

「そしたらなんで、私たちのチームをこんな自由な感じにしよう

と思ったんです？」

「20代のためのコンテンツを作るのなら、20代の意見が一番大切だからだよ」

　今も『文明特急』でテーマを選定する時に、一番大きな決定権を持っているのは学生であるインターンだ。もちろん私にやりたいテーマがあれば、我を通す時もある。けれども、これでいきたいと思う理由と得られる利益をはっきりと提示した上で、上下関係の体を成さないよう、お互い気をつけている。もちろん、上下関係のないチームの雰囲気を維持するために、何度も試行錯誤を重ねた。相対的に経験の乏しい新社会人の基準で判断をしていた、その分失敗も多かった。だから私たちは失敗を減らすために努力をしたし、動画のトーンがブレないよう、しっかりとコントロールもした。

　最近リーダーになり新しい悩みができた。私はかなりストレートに、そして強くものを言ってしまうタイプだ。先輩と話す時は気にも留めていなかったが、後輩ができてから気になるようになった。私は後輩たちに決定権を委ねたと思っているけれど、自分がそう思っているだけで、実際彼らはそうは感じていないということもあり得るからだ。

　私たちは、撮影現場から会社に戻る車の中でアイデア会議をよく開く。インターンのPDが全然発言をしないので、何かプレッシャーを感じているのかと聞いた。するとインターンのPDは、私

たちを前にすると急にアイデアが思い浮かばなくなり、何を話したらいいのか分からなくなってしまうと言った。私は相手が誰だとしても、まずはどんどん意見を言う性格なので、自分とは違うタイプの人がいることにまで考えを巡らせられていなかった。仕事をする上で、もっとインターンのPDの性格について知る時間が必要だったのだ。

　誰かは私を見て、そんな細かいところまで気にしてどうするんだと言うだろう。ただでさえ複雑な世の中、肩の力ぐらい抜いて生きたほうがいいと。けれど私は、リーダーが些細なことにまでしっかり目を配りチームビルディングをした時に、よりいい成果が出るということを、スブスニュースチームで実体験として目の当たりにしてきた。この先、一番若いメンバーと私の年齢差がだんだん開いていったとしても、ずっと上下関係のないチームでありたい。このスタイルで着実に結果を残すことができたら、他の人たちにも積極的に勧めるつもりだ。

　だがこの文を書きながら「しまった」と思った。私は上も下もないチームだと思っているけれど、まだ後輩たちの意見を聞いていなかったからだ。もし私がとんだ勘違いをしていたら、カトクで教えてほしい。「ミンキー、目を覚ませ！！！」ってね（ちなみにミンキーは私のニックネームである）。

自己肯定感を高めてくれる記憶が
たった1つあれば、それで十分だ

——

　大学生時代、私は長いことアルバイトの塾講師として、高校生に内申点対策とスヌン対策のための英語を教えていた。英語の遂行評価[*25]の日のことだった。試験のために一生懸命、本文を暗記していた一人の学生が放課後、塾に来たのだが、かなりどんよりとした表情をしていた。「遂行評価、あまりうまくいかなかったの?」と聞くと、その生徒は「満点でした」と答えた。「そしたらなんでそんなに嬉しくなさそうなの?」と聞き返すと「今回の遂行評価の成績は内申にあまり反映されないから、満点を取っても無駄なんです」と言った。

　数週間後、中間テストが近づくと、その生徒はこちらが心配になってしまうくらい必死に勉強をしていた。授業では丁寧にノートをとり、宿題もしっかりとやってきた。テスト前日に行った模

——

＊25：テストの点数だけでなく、課題の進行過程や結果を見て、学生の知識や技能などを専門的に判断する評価方法。実技やレポート、提出物、小試験テストを実施し、その結果を成績の一部に反映する。

擬試験では満点もとっていた。このペースでいけば、中間テスト
でもいい成績をとれるのではないだろうかと、講師としても内心
期待していた。

　ところが中間テストが終わると、その生徒は塾に来なくなって
しまった。心配になって電話をかけると今にも消え入りそうな声
で、今回の中間テストはダメだったと打ち明けてくれた。自分が
どんなに努力したところで結局は報われないんだとすっかり落ち
込み、涙をグッと堪えているようだった。その時、私はどんなふ
うに励ましの言葉をかけたらいいのか分からず、結局何も言って
あげることができなかった。

　電話を切ると、ふと自分たちの高校生時代の姿が思い浮かんで
きた。私たちも彼らと同じように自分を卑下ばかりしていた。遂
行評価で満点をとっても、自分自身を褒めた記憶はない。実際と
てもすごいことなのに。高校3年間は、自分のことを傷つけ、追い
込んでばかりだった。極端に言うと、あの時自分自身を虐待して
た理由は、全ての終着点が「いい大学に進学すること」だと教え
込まれていたからだったと思う。

　高校生だった私が成長し、第三者の視点から高校生を見られる
ようになったからこそ、その生徒が遂行評価で満点をとった時に、
本人が自分を褒めることができなくても、近くにいる私がきちん
と褒めてあげなければいけなかったと思った。もちろん、成績に
対する中間テストと遂行評価のウエートは違うかもしれない。け

れど同じように努力をして、ミスもなく結果を出せたという事実に自信を持ってもらえるように、ケアをしてあげるべきだった。

　ものすごく遅くなってしまったけれど、その生徒に遂行評価で満点をとったのは、誇るべきことなんだと伝えたい。中間テストでは思い通りの成績が取れず、自分自身に失望したかもしれないが、自分を褒めてあげられなくても、卑下までする必要はないのだ。

　私の場合は、自らを褒める割合と卑下する割合のバランスがうまく取れた時、自己肯定感が高くなる。自分を可愛がってばかりいる時は、かえって弱点を見せまいと周りの人たちに矢を向けてしまう。反対に卑下ばかりしている時は、人からの視線が気になって、殻の中に閉じこもってしまう。だから自分を可愛がる時は、自分自身への検閲と内省も一緒に行うタイプだ。振り返ってみると、自己肯定感を高めようと思って、何か作戦みたいなものを立てたことはない。ただ自然とこうなっていたのだ。私のこの心の持ち方は、情緒の安定を感じた子ども時代の小さな記憶がベースになっている。そして記憶の中心には、ある一人の人物がいる。小学校3年生の時の担任だったノ・ウンスク先生だ。

　クラスには男子の学級委員と女子の学級委員がいたが、重要度の高い仕事は主に男子に任せ、女子はそんなに重要ではない仕事をさせられていた。女子の学級委員に選ばれた私は、ノ・ウンスク先生に歯向かった。たしか私も同じ学級委員なのに、なんでこ

んな仕事ばかり頼むんですかと聞いたんだと思う。すると先生は申し訳ないと言い、それ以降は男子の学級委員と同じように仕事を割り振ってくれた。(ここでTMI——どうでもいい情報を1つ。なんと先生は私の母に電話をして、もしミンジが成功したら『TVは愛をのせて』[*26]に出るから、そうなった時は自分を訪ねてきてほしいと言っていたらしい。私の子どもの頃の写真がほしいとも言っていたそうだ。その時実際に母が写真を渡したみたいだが、いまだに先生がその写真を持っているのか気になる。)

学生時代に出会った全ての先生が、私のこのような面を尊重してくれていたわけではない。いつも違うと思ったことは隠さず先生たちに伝えていた。だから私を反抗的な子ども、食ってかかってくる生徒だと思っている先生のほうがはるかに多かった。余計な一言を言って、身長が180cmある先生から飛び蹴りをされたこともある。けれど、ノ・ウンスク先生が褒めてくれたという記憶が、ずっと鮮明に残っていたから、私は自己肯定感を崩すことなく、声をあげ続けられたのだ。結局、自己肯定感を守ってくれているのは、このノ・ウンスク先生とのエピソードぐらいだ。自分も誰かにとって、こんな記憶を作ってあげられる人間になりたい。

数年前、入試を終えた妹と統営(トンヨン)へ旅行に出かけた。妹はもともと頭が良かったが、入試当日、かなり緊張をしてしまい、思っていたほど点数が取れなかった。統営に向かう途中、合格者を知らせる通知がくると妹の表情が急に暗くなった。志望校に合格できなかったからだ。けれど、私は何はともあれ他の大学に受かって良かった、入試は受験するだけでもすごいことなんだからと励ま

した。大学で人生が全て決まると思っているかもしれないけれど、また次のチャンスがあるから、浪人せずに早く大学に行って遊びなと言った。妹が志望校に合格できるようなサポートができなくても、心が折れないように助けてあげることはできたのだ。

　大学卒業後、妹は自分がやりたかった仕事に就き幸せに暮らしている。合格者を知らせる通知がきた時、もし私が「あんた、いつも通りの力出せなかったんじゃないの？」などと言っていたら、妹の人生は今より幸せなものになっていただろうか？　私がそんなことを言うような姉だったら、どんな影響を受けていたかと思うとゾッとする。仕事で妹がインセンティブ報酬をもらうたび、私にお小遣いをくれる姿を見ながら、あの日私が妹にかけた言葉は正解だったんだなと感じている。だからこれからもずっと、お小遣いをくれたら私は嬉しい。

　大好きな人たちの自己肯定感を守れる存在になるというのは、この上なく幸せなことだ。私がノ・ウンスク先生のおかげで挫けずにいられたように、たった1つの記憶だけで、人生がさらにいい方向に向かうかもしれない。だから私は周りの人の自己肯定感を守ってあげられる心の余裕を持っていたい。これは、私が仕事を頑張るための原動力でもあるのだ。他人の人生に迷惑をかけない上に、自分のプラスにまでなるなんて、ものすごくいい考え方だと我ながら思っている。

＊26：2021年6月30日に放送が終了したKBSのリアリティショー。ゲストのリクエストに答え「懐かしい思い出の人物」を探し出してくれる番組。

つまずいてる時間がもったいない

——

　演出の経験が皆無の私に、十分な製作費を与えて番組を任せてくれる会社はない。けれど私は番組を作りたかった。そこで私が見つけた解決策は「0ウォンでコンテンツ製作」だった。これだったら会社の予算にダメージを与えず、自分のキャリアも積んでいくことができるからだ。

　ニューメディアは、構成とフォーマットがTV番組に比べて自由なため、企画できる範囲も広い。視聴者からの支持を得ながら、0ウォンでコンテンツを製作できるようになってこそ、生き残っていくことができるのだ。「製作費0ウォン」と「視聴者からの支持」この二兎を手に入れる方法を見つけるのにひと苦労した。これまでの5年間、私が泥臭く続けてきた研究の一部始終を、ありのまま綴ってみようと思う。

　私はまず、レンタル代がかからない場所を探すことから始めた。一番簡単に見つけられるのは「道端」だ。道端で何ができるだろうか？　道にたくさんいるのは人間だ。そうしたら道ゆく人に声

をかけ、街頭インタビューをすればいい。

　そんな理由から企画したのが『スブス・トーカー』だ。ただ街頭インタビューをするだけでは面白くないので、他のコンテンツと差別化できるポイントを作らなければいけなかった。そこでインタビューごとに1つの方向性を定めることにした。それは懐かしくもあり、さらに共感を呼ぶテーマであること。90年代生まれの視聴者たちに響くものを作るにはこれが第一条件だった。「あなたのバディバディのIDは？」「あなたのオタク度は？」「日本統治時代に戻るとしたら、独立運動に参加できる？」こんな質問を準備して、私たちは街中にくり出した。

『スブス・トーカー』の平均再生回数は約10万回、Facebookでの反応も上々だった。特に、友達をメンションして「あんたのバディバディのIDなんだったっけ？」と聞くようなコメントなどを中心に、コンテンツ内での交流が活発だった。おかげで製作費を一銭もかけず、視聴者が強く共感できるテーマに狙いを定めることができた。もし製作費がないからといって何もやっていなければ、コンテンツにおける「共感」の重要性について学べていなかっただろう。

＊27：2000年から2012年までサービス提供をしていたインスタントメッセンジャーアプリ。 ユーザーは主に中高生で、 ゲームやネットショッピング、 チャットルームなどが利用できた。 日本でいう 「アメーバピグ」 のようなもの。

『スブス・トーカー』での経験をキッカケに、共感できるテーマについて、もっと踏み込んだトークをする企画が作りたくなった。即興的な街頭インタビューに足りなかった「深み」を足すには、固定のレギュラー出演者が必要だと思った。レギュラー出演者がトークを繰り広げる企画には、どんなものがあるだろうか。そして出演料を払わなくてもいい人は誰だろうか。

　隣の席で一緒に仕事をしているリーダーと同僚の姿が目に留まった。リーダーは自由な表現を重要視することで有名なX世代出身。[*28]それなりにオープンマインドなほうなので、動画への出演は拒否しなさそうだった。そして私の同僚たちはカメラの前でも恥ずかしがらず、堂々と自分をさらけ出せる一般人だった。一緒にカラオケに行ったことがあるけれど、その時なんの恥じらいもなく、まるで自分たちが2NE1にでもなったかのように歌っていたからだ。

　そうしたら、リーダーとメンバーが集まって、笑いながら話をする姿を見て視聴者は共感してくれるだろうか？　うーん……私は全然できなさそうだ。彼らがカメラの前でだけ仲のいいフリをしているように見えて、逆にひいてしまう。むしろギクシャクしている姿のほうがよっぽど共感できる。そしたらお互いが感じているギャップを話す場面を動画にするのはどうだろうか。相手のことを理解できず、お互いに渋い顔になる話をしてみるのもいいかもしれない。

　当時リーダーだったクロン（ハ・ヒョンジョン代表のニックネーム）

とジェジェオンニと会議を開き「ジェネレーションギャップ」を
テーマに動画を撮ることにした。ランチ休憩中、同僚のPDが「最
近久しぶりに少女時代の"また巡り逢えた世界"を聴いたんだけど、
めっちゃ懐かしくてさ」と言っているのを聞いて、企画のタイト
ルを『また巡り逢えた世代』に決めた。レンタル代を出せるよう
な予算はなかったので、社内のスタジオを活用することにした。他
の番組は、スタジオにセットを作る場合がほとんどだったけれど、
私たちにはそれに使えるお金すらなかった。そこで選んだのが撮
影後に合成がしやすいクロマキースタジオだ。撮影後の編集で背
景を抜き、コンピューターグラフィックで作業をすれば、なんと
かセットのような雰囲気を出すことができる。

　こうして『また巡り逢えた世代』の初撮影はクロマキースタジ
オで行われた。構成と進行は、イ・ウンジェPDとチョン・ヘユン
PDが担当した。「職場の上司はなぜSNSで友達追加をしてくるの
だろうか」というテーマで、リーダーと90年代生まれのメンバー
が討論し、最後はギャップを解消するための案をお互いに提示し
て、締めくくるという構成だった。『また巡り逢えた世代』は世代
間で不平不満をぶつけ合うというより、両者の間にある溝を埋め
ていこうという意図のほうが強かった。

────
＊28：韓国では主に1960年代後半〜1970年代に生まれた人を指す。好景気や民主化などの「政
治・経済的に最も豊かな時代の中で成長した世代」、「アナログからデジタルへのシフトを体験し
た世代」と言われている。

視聴者からいい評価を受け始めると、幸運にも製作費から出演料を出せるようになった。小学生、中学生、大学生などに出演をオファーし、異なる２つの世代同士が共感できるトークを繰り広げた。『また巡り逢えた世代』は平均再生回数が約100万回、動画一本あたりの製作費は15万ウォン（日本円に換算すると約15,000円）にも満たない、再生回数に対して実にコストパフォーマンスのよい企画だったのだ。

『また巡り逢えた世代』には約20名の一般人が出演したが、この現場があったおかげで私は、演出サイドの人間としての役割を学ぶことができた。テレビの勝手が分かっている人とは違い、一般人はカメラと撮影現場に慣れていないため、演出サイドの人間である私が緊張をほぐし、話しやすい雰囲気を作るのが自分の役目だった。これは今でも習慣になっていて『文明特急』の現場でも変わらない。普段テレビに出ている人もそうでない人も、撮影現場で気を張らずにいられるような雰囲気作りに力を注いでいる。

　そして一般人が出演する動画を編集するうちに、自然と編集スキルも上がった。タレントや芸能人は、世間が持つイメージがあるかもしれないけれど、一般人にはキャラクターがない。初めて見る出演者といえど、視聴者に好感を持ってもらえる編集になるよう努力をした。だから今も、一般人や視聴者にあまり知られていない人物へ出演オファーをする時に不安を感じることはない。自分は絶対にその人のキャラクターを生かせるという自信があるからだ。『また巡り逢えた世代』のおかげで、私は演出サイドで働く

人間としての基礎体力をつけることができた。

　会社が自分やチームへ何もバックアップをしてくれない時、私たちにできることは2つある。それは会社が手を差し伸べてくれるまで待つか、会社にダメージを与えない範囲内でなんでもやってみるか。私は後者を選んだ。『スブス・トーカー』をやっていく中で、ジェジェオンニと出会い、そして『また巡り逢えた世代』を一緒に企画進行することになった。さらに『また巡り逢えた世代』のおかげで、私たちは『文明特急』の製作費を手に入れることができた。

　だから私は制約のある、ものすごく小さな仕事も、まずはやってみるようにしている。自分のところにやって来た小さなチャンスを無駄にすることは決してしない。誰かには馬鹿げているように見えるかもしれないけど、黙々と小さな雪の玉を転がしていれば、いつかオラフができると私は信じている。もし転がす途中で、その雪が溶けたり粉々になってしまっても、近くにある雪をまたかき集めて、もう一度小さな雪だるまを作っていけばいいのだ。

頭ごなしに叱りつけても解決しない

　2000年生まれのADが私たちのチームに加わった。ずっと自分が一番下だと思っていたのに、いつの間にか上司になっていた。90年代生まれが気を引き締めていかなければならない時がやってきたのだ。これからは自分たちがコンデ（古臭い考えを押しつけてくる人）だと文句をつけていた先輩の数より、私たちをコンデだと言ってくる後輩のほうが増えていくからである。

　私たちは会社での暴言やパワハラに対して、初めて反旗を翻した世代だ。いざ90年代生まれが上司になると、自分たちが不満を漏らしていた上司と同じように、後輩をやたら可愛がるようになっていっている。もちろんその中には私も含まれる。これからもっと増えていくであろう未来のアクシデントを防ぐため、対策を練ってみることにした。

　私の場合は、後輩たちと話す時に重宝する魔法の言葉を持っている。「なるほど」は、いつでもどこでも、どんな場面でも使える便利な言葉。そしてこれは新社会人の時にリーダーから学んだ技

だ。

　いまだに忘れられないエピソードがある。前日アップロードした動画で、出演者の名前に表記ミスがあり、動画を差し替えなければいけない事態になった。社会人になって初めての失敗をした次の日は、朝になっても会社に行くのが嫌だった。失敗をした日の夜はしっかり眠れず、何個も言い訳を考えていた。次の日言うことをメモ帳に全て書き出し、まるで入試に出題される文章かのように丸暗記した。そして出勤してすぐにリーダーのところへ向かった。

「リーダー、私が入れたプロフィールの字幕に誤りがありました」
「なるほど」
「（思ってたより、反応が薄くてキョトンとする）はい……」
「なんで今回のような失敗をしたと思う？」
「他の動画のプロフィール字幕と混同してしまったからです」
「同じような失敗をしないためには、どんなシステムを作るべきかな？」
「出演者のプロフィールを一目で分かるように別途整理をしてから、CGチームにデータを渡すべきかと思います」
「そしたら試しにそのシステムを作ってみて、ミスを繰り返さないようにしよう」

＊29：自分の経験を一般化し、若い人に対してそれを一方的に押しつける人。「最近の若者は…」と愚痴る面倒臭い人のことを指す。

魔法の一言「なるほど」のおかげで、夜通しで準備した言い訳はすぐに必要なくなった。「なるほど」という言葉は、弁解する時間を減らし、早く次のステップについて議論をできるようにしてくれる。メンバーが自らミスを打ち明けた時、リーダーがすぐに受け入れてくれたら、メンバーの立場としても話がしやすくなり、改善方法をスムーズに検討できるようになる。その日以降、私は一目でプロフィールやクレジットなどが確認できるよう、メモ帳に整理したものをCGチームへ渡しているが、この方法はかなり効率的だ。

　もし「なるほど」ではない言葉だったら、どのように会話が進んでいたかシミュレーションしてみた。

「リーダー、私が入れたプロフィールの字幕に誤りがありました」
「しっかりチェックしろとあれだけ言ったのに」
「（萎縮）はい……」
「で、どうするんだ？」
「（パニックで頭の中が真っ白になる）えっと……」
「もういい。お前に聞いたのが間違いだった。キム代理を呼べ」

　この会話からは、なんの解決策も生まれていない。リーダーはメンバーが失敗した原因を把握できないだけでなく、その人より役職が高いメンバーを呼んで連帯責任を負わせようとする。結局はリーダーと社員と代理、全員が感情的になってしまい損をして

いるだけだ。

「なるほど」の活用方法について、さらに考えてみた。

　例1
「リーダー、今日中に報告書を終わらすことができなさそうです」
「おぉ、なるほど。なんで間に合わなかったのかな？」

　例2
「リーダー、このアイデアどうですか？」
「なるほど、どうしてこう思ったんだ？」

　例3
「リーダーのノートパソコンにコーヒーをこぼしてしまいました」
「あぁ……なるほど、ティッシュを持ってきてくれ……」

　やっぱり「なるほど」は魔法の言葉だ。どれだけイライラして
いても戸惑っていても、ひと呼吸おくことができる。そしてお互
いが状況を把握するための時間が生まれる。どんな時も、感情的
になったところで解決できることは1つもない。

　後輩がミスをするたび、社内で大声で怒鳴る先輩がいた。相手
の話を聞きもせず、罵声を浴びせていた。暴言を吐いているその
時間に、みんなで協力して後輩のミスをカバーしたほうがいいに
決まっている。社内でそんなに大きな声を出さないでくださいと

頼んだこともあるが、全部後輩のためだからとその先輩は言っていた。ここで優しくしてしまうと、間違いだと思わず、同じようなミスを繰り返してしまうとかなんとか。果たしてこれで後輩は失敗しなくなるのだろうか？　絶対にそんなことはない。自信をなくし、萎縮するようになった後輩は、そのあとも似たようなミスを連発し、先輩は大声をあげすぎて声が枯れていた。結局、無駄な時間だけが過ぎ、残るものは何もなかったのだ。

「なるほど」ではなくても、上司として自分をコントロールできる魔法の言葉を1つぐらい作っておくと、会社のメンバーと話をする時にとても便利だ。そして、社内で大声を響かせていたあの先輩にはこのフレーズを勧めたい。

「あ、それもあり得るな！」

ダメな時は、投げ出したっていい

——

　初めて自動車教習を受けた時、区画線からはみ出さないよう運転するのが一番難しかった。線からはみ出さずに運転しようとすればするほど、片側に寄ってしまう。そんな時、母はいつも「目線を遠くにやったほうが真っすぐ走れるよ」と言ってくれた。自分の中で進行方向の道路の先に目印をつけ、それを見ながら運転すると、不思議と真ん中を走れたのだ。単に運転にだけ当てはまるノウハウではないと分かってはいるが、私は今も目の前にある線だけを気にしながら働いている。なぜかというと、最近100万回に到達していた再生回数が半分以下の25万回にまで減ってしまったからだ。

　過去にもこんなふうに再生回数が急落する期間があった。その期間がやってくるたびに私たちは緊急会議を開いて熟考を重ね、アイデアをひねり出した。今まで緊急会議を2回開いたが、そのたびにまるでそっと崩れていく砂の城のようにむなしく下降する再生回数にしがみつこうと私たちは必死に足掻いた。そんな緊急会議で選び抜いた企画の再生回数はどうなっただろうか？　どれも

当時の歴代ワーストを記録し、感動も面白さも全てを失うという本当に悲惨な結果だった。

　初めて再生回数が急落した時、スブスニュースチャンネルのコンテンツの1つにすぎなかった『文明特急』は解体の危機にさらされていた。私たちは必死で、その危機を回避するためにとにかく動いた。ソウル市庁前にある芝生スペースが、ハワイ風になったとのうわさを聞きつけ、すぐにそこへ向かい『ソウルに出現したハワイのビーチ』というコンテンツを作ったこともあった。当時のフレッシュなニュースを盛り込んだ動画の再生回数は、3年経った今でも10万回を少し上回る程度。視聴者からはソウル市のPR動画かという指摘まで受けた。

　それから1年後、2度目の再生回数急落期間が訪れ、再び緊急会議が開かれた。漢江^{ハンガン}※30でゲリラコンサートをしようということで意見がまとまり、真夏の漢江公園の照りつける日差しの下でコンサートを開催した。グレッグとジェジェ、ヤニは汗を流しながら一生懸命宣伝した。ところが平日のしかも昼間だったせいか、漢江公園にいたのはたったの2人だけ。その2人でさえも私たちのことを見て見ぬふりをしていたのである。やっとの思いで撮影をしたゲリラコンサートだったが、当時の歴代最低再生回数をまた更新してしまった。

　何より悔しいのは、今まで開いた緊急会議はどれも無駄だったということだ。会議によって状況がさらに悪化したのには納得が

いかなかった。今、私たちには3度目の再生回数急落期間が訪れている。また緊急会議を開いたほうがいいのではないかという意見もあった。2度の苦々しい失敗が私の頭の中をよぎった。

　けれどよくよく考えてみると、緊急会議自体が問題だったというより、その方向性が問題だったのだと思う。足元に火がついていた私たちは、緊急会議をするたび、すぐに再生回数を増やせるアイデアを血眼になって探すようになっていた。番組コンセプトの本質から離れ、いろんなことに手を出してしまっていたのである。区画線からはみ出さないために遠くを見るように、自分たちのペースを取り戻すためには未来を見るべきだった。再生回数急落期間に、強引に新しいフォーマットやアイデアを試すのは間違いだった。急な車線変更をしたせいで事故が起こったのだ。これは全て私の運転技術の未熟さが原因である。

　だから今回の3回目のピンチでは、もう少しゆっくりと落ち着いて車線変更してみようと思う。徐々にスピードを落とし、隣の車線に入るタイミングを慎重に見極める。再生回数が減っていても、焦ってすぐに方向を変えるより、満足のいくアイデアが出てくるまで、コツコツと企画会議をやり続けるのだ。「先走って急発進するのはやめよう。なんでもかんでも手を出しすぎないようにしよう」と、私は今日も一人でこうして自分の心を落ち着かせて

──
＊30：ソウルの中心を東西に流れる全長514キロメートルの川。　漢江沿いには観光地だけではなく、公園や市民プール、自転車道なども整備されている。

いる。

　正直この期間をもう一度乗り越えられるのか不安ではある。こうやってゆっくり、遠くを見ているだけでいいのだろうか。遠くを見ていたがために、私が逃してしまったものはないだろうか。あらゆることを考えてしまうけれど、そんな時に一番効果的な方法がある。「もしダメだったら、潔く投げ出す」というスタンスで働くのだ。仕事が自分の全てだと思いこんでるせいでプレッシャーを感じ、焦ってしまっているのだから。

　だから私は、会社を今すぐやめることになっても大丈夫なように、2つ目の仕事を用意している。今考えているのは、済州島にいる母方の祖母の家で、訳アリみかんをエードにして販売すること。もう名前も決めていて、その名も「モンスターキュルエード[*31]」。略して「モンキュルエード」である。追加料金を払えば、モンキュルエードを買いにきてくれたお客さんに、動画も撮ってあげるつもりだ。山房山[*32]をバックに、エードを飲みながらおしゃべりする様子をカメラに収め、すぐに編集をして2日以内にカカオトークで送るというサービスも考えている。生活費は祖母の家に居候して抑えるつもりだ。祖母にはまだ、私のこの計画は伝えていないけれど、とにかくこんなふうに次の仕事を考えておくと気持ちが本当に楽になる。

　こう考え始めるようになってから、通勤途中誰かに「今回の動画、再生回数あんまり奮わなかったんだってね」と言われても、特

に気に留めなくなった。「もしダメになったら、全部投げ出して済州島で訳アリみかんを使って何かしようと思っているので」と返せば、簡単に会話を終わらせられる。モヤモヤとしていた私の気持ちも、とてもシンプルに整理ができた。再生回数が激減したことについて、必要以上に考えすぎないことにした。緊急会議がなんだ。結局はいつも通りに仕事をするのが、ピンチを乗り越えられる最善の解決策なのである。

＊31：怪物を意味する「Monster」とミカンを意味する「귤（キュル）」を合わせて、著者が考えた商品名。
＊32：済州島の南西部の平野地帯にある高さ395mの巨大な鐘型の鐘状火山帯。 名前は「山の中の洞窟」を意味している。 済州十景の1つで、 祈願成就のパワースポットでもある。

忠 誠 心 を 求 め な い こ と

「90年代生まれの社員と、どうやって仕事をしていけばいいか教えてほしい」とある企業から講演を頼まれたことがある。70年代生まれだという彼は、私が講演を通して90年代生まれの社員たちのモチベーションを高めてくれることを望んでいた。いい機会だと思ったが依頼は断った。その決定的な理由は、講演のねらいが「90年代生まれは言われた仕事しかせず、上司たちが困っている」という考えから導かれたものだったからだ。

　残念なことにチームが成果を出せないのは、90年代生まれのメンバーのせいではない。むしろ彼らのニーズをしっかりと把握しきれていないリーダーが原因である可能性のほうがはるかに高いのだ。世代差を理由にしてはいけない。しかし到底無視できる問題ではないので、90年代生まれのメンバーたちが悩みの種だという彼らに、仕事の中で私が感じたことを共有しようと思う。

　70年代生まれのリーダーたちと一番大きな衝突が起きるのは、組織への忠誠心に対する考え方だ。90年代生まれは、無条件に組織

への忠誠心を求められることが理解できない。特に私は極端にそれを嫌っている。ある大企業の新卒採用の面接で「自分なりの考えをしっかり持っているように見えるけど、あなたは会社のために働く人間ですか、それとも自分のために仕事をする人間ですか？」という質問を受けたことがある。面接では一生懸命、会社にとってプラスになる人材のフリをしてみたが、やはりベテラン面接官の目はごまかせなかったのだろう。模範解答は「会社やチームのために働くことのできる人間です」だったと思うけれど、私はその一言がのどにつっかかり、どうしても出てこなかった。だから「正直に申し上げますと、私自身の成長のほうが大切だと思います」と答えた。そしておそらくそれが原因で、会社に適した人材ではないと判断され、不合格の連絡がきた。

　一体なぜ、あの時「会社のために頑張って働きます」という言葉が口から出てこなかったのか自分を恨めしく思った。他の会社の面接準備では、同じような質問に備えて「この会社の一員として力になれるよう、精一杯頑張ります」と模範解答を一生懸命練習した。そうやって本当の自分を隠していたあの時は、とてもしんどかった。

　一緒に就職活動をしていた同期たちも同じだった。私は組織が望む「帰属意識」と「誇り」、そして「忠誠心」を持っていない人間だ。新社会人として働き始めた頃、卒業した学校の先輩だからという理由で、初対面の人が私にご飯をおごるよと言ってくれた。それを言われた瞬間「出身校が同じなのと、ご飯を一緒に食べる

ことになんの関係が？」と頭の上にクエスチョンマークが浮かん
だ。こう考えてしまう自分の性格を完全に理解したのは、社会人
3年目になってからだ。学校の後輩なんだしご飯に連れていって
やれ、と言われた時も「なんで出身校が同じなだけで、おごらな
きゃいけないんだろう？」と思った。

「学閥」「地縁」「血縁」を頭では分かっているけれど、気持ちが
全然ついていかないのだ。出身校が同じだから、同郷だから、身
内だから、という理由で面倒を見るのは、私にしてみれば論理的
な根拠も何もない、ただの理不尽な話にしか聞こえない。けれど
いわゆる普通の組織ではこれを「柔軟性」というようだ。

　私のように融通が利かない人間が『文明特急』の演出チームの
リーダーになった。リーダーとしてどうあるべきか全く分からず、
リーダーシップに関する本を読んで色々考えてもみた。けれど結
局は自分のスタイルでいくことにした。チームビルディングしな
がら作った私なりのルールは「メンバーに帰属意識を強要しない
こと」だ。チームに貢献してと言うかわりに、ここを離れても生
き残っていける自分だけの強みを見つけてねと、よく言っている。
チームを離れても、どうすればメンバーたちがそれぞれの能力を
存分に発揮できるか考えるようになった。

　メンバーたちに帰属意識や忠誠心を求めるより、自立を促した
ほうが逆にいい成果を出すことができた。スキルを伸ばすために
努力したメンバーそれぞれの頑張りが、そのままチームのクオリ

ティに直結した。結果的に実績を残すことができたから、これからも同じやり方でチームを引っ張っていこうと思っている。一緒に働くメンバーをただ同じチームに属する人間として扱うのではなく、将来どこかでリーダーを任せられるであろう未来のリーダーだと思って接すること。そうすると彼らはかえってプロジェクトを成功させたいという意欲が湧き、やりがいを感じるということに気がついた。

　だから私はいつもメンバーたちに「自立」を口酸っぱく言ってきたし、それゆえ彼らは帰属意識なんて持っていないだろうと思っていた。だけど本当は反対だった。メンバーたちの帰属意識はむしろ高まっていたのである。そして今年、チームには大きな変化が訪れた。キム・ヒヨンPDとキム・ヘミンPD、そしてクォン・ナヨンPDがチームを離れることになったのだ。その時ようやく、私たちがチームにどれだけ愛着を持っていたのか自覚した。キム・ヒヨンPDはチームを離れる当日まで3日間ずっと泣いていたし、クォン・ナヨンPDは絶対にまた一緒に働きたいと言ってくれた。キム・ヘミンPDは、原稿用紙2枚分になるくらい、ぎっしり書いた手紙を私にくれた。

　本当のことを言うと私は、メンバーとほどよい距離を保つために、かなり気を使っていた。仲良くなりすぎず、かと言って堅苦しくもなりすぎず、できるだけプライベートに踏み込まないよう、一定の距離を置いていた。けれど私とメンバーの間にあったすき間には、何をせずとも勝手に生えてくる雑草のように、チームへ

の愛情が自然と育まれていたみたいだ。自立を促していたら、メンバーたちは知らず知らずのうちに帰属意識を持つようになっていた。会社への帰属意識がない90年代生まれが悩みの種なのであれば、まず自分が彼らに対して、どのような帰属意識を与えることができているのか振り返ってみる必要がある。

90年代生まれである私は、自分にリーダーとしての力量がないことに気づいたその瞬間、辞表を出すと思う。実力不足なのに運良くリーダーになれた人はメンバーもお見通しだ。能力がないのも問題だが、自分の力を過信して自信満々に振舞うのも問題である。まるで暴走機関車のようにメンバーの首根っこをつかんで突き進むより、一緒にスキルを高めていけるリーダーが、真のリーダーではないだろうか。そういう人がいなければ、90年代生まれのメンバーたちは受け身でしか仕事をしなくなる。

「もっと主体性を持って働くべきなのに、メンバーたちは頼んだ仕事しかやらない。私の（若かった）時はそんなことなかったのに、90年代生まれだからなのか？」こんなことを言ってるリーダーがいたら、本人の業務能力からまず疑ってみるべきだ。能力がないリーダーに限って、メンバーたちへどこまでも忠誠を求める。自分にはそれくらいしかできることがないからだろうか。そんなリーダーにはせめて自分がロールモデルになれるぐらいキャリアを磨いてから、メンバーたちに情熱だの向上心だの言ってほしい限りだ。

誠実に本業と向き合う

「複世楽生^{ボクセビョンサル}」という略語がある。「複雑な世の中を楽に生きるため」の最適解は、おのおのがやるべき本業にだけ力を注げばいいのだ。本業を軽んじれば、いつか必ずアクシデントを起こす。

　PDといえば、イスに座ってあれこれ指示を出すイメージがあるかもしれないが、私の場合は、撮影現場の管理も主な仕事に含まれている。現場に向かう時、配車された車のドライバーへ行き先を正確に伝えるのも私の業務の1つだ。

　しかしある日、撮影チームが乗っている車のドライバーに、私が間違った行き先を教えてしまったことがあった。私たちは先に撮影現場へ到着していたが、どんなに待っても撮影チームが来る気配がなかったので電話をしてみると、到着するにはまだまだ時間がかかりそうだと返事が返ってきた。私は急いで正しい場所を

＊33：「복잡한（複雑な）세상（世の中）편하게（楽に）살자（生きていこう）」の略語。勉強、就職、人間関係など様々な悩みを抱える若者の間でよく使われる新造語。

伝え直し、予定時間より1時間遅れで撮影チームが現場にやってきた。その間に出演者はすでに到着していた。スタジオのレンタルを1時間延長しないといけなかったが、あいにく次の予約が入っており、それすらできないという最悪の事態となってしまったのである。

　全て、単に私が間違った行き先を教えてしまったがために起きたことだ。自分のせいで多くの人に迷惑をかけてしまった。このミスを起こす前までは、ドライバーにしっかり行き先を伝えることを、あまり重要な業務だと考えていなかった。細々した仕事のうちの1つぐらいに思っていたし、正直適当にやっていた。本業を蔑ろにしていたのだ。ここでいう「本業で成果を出す」は、高度な技術やスキルを磨くべきだということではなく、任せられた仕事を適当にやってはいけないという意味である。

　本業の意味をオーバーに解釈し、力を発揮してもアクシデントは起きる。自分の任務が、ものすごく立派な力を持っているという勘違いから生まれる最悪の事態が「パワハラ」と「不正」だ。本業と向き合う時の「誇り」と「おごり」はまた別物である。こういう人たちは大体、自分には他人を差別する権利があると思っているのだ。だから仕事を悪用して誰かをコントロールしようとしたり、無言の圧力をかけたりする。さらに本業の収入だけでは満足できず、もっと儲けるために常に奔走している。だから賄賂を受け取ったり、人間のことをモノみたいに取引したりするのだ。そのせいで多くの人が被害を受けている。「本業で成果を出す」とい

うのは、人に被害を与えるほど頑張る必要はないという意味でも
ある。

　だから私たちはそれぞれが置かれた場所で、頑張りすぎず、か
と言って力を抜きすぎず、無理のない範囲で任せられた仕事を全
うしていけばいいのだ。会社の中で一番賢明な人は、その塩梅を
分かっている人だと思う。私もそんなスマートな人になりたい。だ
から仕事として演出を続けるために守るべき範囲はどこまでなの
かをよく考えたりする。

　演出をする人の定義を辞書で調べたことがある。演出をする人
は視聴者が何を見て、何を耳にするのかを決め、視聴者に伝えた
いメッセージを届けるために番組を作りあげていく人間らしい。番
組製作は、思っているよりも多大な労力がかかっている。出演者
はどうするか、セットは作るのか、それとも外で撮影をするのか、
iPhoneで撮ってもいいのか、色味が綺麗に出るカメラが必要なの
か、全何話で製作するのか、製作費はどのくらい必要なのかなど、
全てを決めなければならない。そして一番大切なのは、こうして
作られた番組の持つメッセージが、視聴者へ正しく伝わっている
のかということだ。

　演出サイドの人間が本業を軽く見ていると、出演者に対する感
謝の気持ちをまず持たない。セットを作ってくれているスタッフ
の苦労にも目が向かないし、撮影チームの能力を引き出すことも
できない。人のアイデアをコピーし、楽をして番組を作るという

行為が視聴者を欺いているということに、最後まで気づけないのだ。

反対に演出サイドの人間として本業を過信しすぎると何が起こるのか。まず出演者へ「パワハラ」をする。「番組に出してあげるから」という一言で、番組に出演したいと思っている誰かを丸め込んでいく。そして一緒に働くスタッフをメンバーだとは思わず見下し、しまいには賄賂を受け取って番組を操作するなんてことも起こりうる。本業を軽く見るよりも悲惨な状況を生み出してしまうかもしれない。

だから結果を出そうとするならば、自分の本業と真摯に向き合い、周りの人の本業を尊重する姿勢が必要なのだ。けれども世の中には、まだまだ他の人の仕事を尊重しない人間のほうが多い。こうした社会の雰囲気にメディアが少なからず影響を与えている部分もあるだろう。あるメディアに女性歌手が出演すると「女性」の部分に注目し、母親である俳優の場合は「母親」の部分に目が向けられる。そして、ダイエットをしているモデルならば「ダイエット」に着目。

私たちが注目すべきなのは、その人たちの社会の中での役割、つまり「本業」である。女性の歌手ならば「歌手」に、母親である俳優ならば「俳優」に、ダイエットしているモデルなら「モデル」にスポットライトを当てるのだ。

しかし残念なことに、セクシーなイメージを持つ歌手が番組に出て「セクシー」に目が向けられるのは、10年前も今も相変わらずだ。ステージに向けてどれだけ一生懸命準備したのかについて興味を持つ人はあまりいない。メディアがそのようなメッセージを送り続けてきているから、当然ほとんどの視聴者はそれをそのまま受け取る。私たちはこのスタイルに慣れてしまっているのだ。

　だから演出が本業である私は、できる限り出演者の「本業」にスポットライトを当てることを心がけている。視聴者がこのスタイルに慣れてくれるまで頑張るつもりだ。一人ひとりの本業が、尊重されるべき価値があるものだと伝えていきたい。

　私はこれらを、スブスニュースでたくさんの人にインタビューをしていく中で学んだ。今まで出会った300人近くの出演者、共に働く製作チームのおかげで気づくことができた価値である。私が本業をしながら手に入れたボーナスみたいなものだ。

　様々な人にインタビューをしながら、気づいたことがもう1つある。10年以上、本業だけをコツコツやってきた人たちの目つきはやはりどこか違うということだ。私はお金や名誉よりも、その目から溢れ出す輝きのほうが何百倍も欲しい。そういう人たちの目の中には、宝石が埋め込まれている。目はキラキラと輝いているが、身体には変に力が入っていない。何度も試練を乗り越えた人たちの強さだ。彼らは謙遜し、業績を自慢するより、周りの人たちのほうがもっとすごいと褒める。自分を過小評価せず、かと

言って過大評価することもなく、絶妙なバランスを保っている。

『ハドソン川の奇跡』という私の好きな映画がある。公開当時の
キャッチコピーは「常識が奇跡になってしまう時代、やるべきこ
とをやっただけ」だった。私はこのキャッチコピーが忘れられな
い。エンジンが故障し、155人を乗せた飛行機が墜落の危機に見
舞われた中、冷静な判断を下し乗客全員の命を救った機長のサリー
はこう言っていた。

「私たちはやるべきことをやっただけだ（We did our job）」

　私がこのフレーズを好きな理由は、「私」ではなく「私たち」と
いう言葉で皆の仕事を尊重し、155人の乗客全員を救ったという
奇跡は、ただ自分の「仕事」だったと表現しているからだ。イン
タビューの中で出会った人々の仕事に対する姿勢と非常に似てい
る。彼らのように私も自分の本業を10年間、見守り続けてみたい。
この場所をずっと守り続けていけば、複雑な世の中が少しでも生
きやすくなるのだろうか。とても気になる。

土台がないからこそ自由なのだ

——

　会社には2種類の組織が存在する。重要度が高い組織と低い組織。主流と非主流と呼ばれることもあるが、私は会社員生活を始めてから5年間ずっと非主流だった。だから働きながら昇進について悩んだことなどなかった。どうせ私には縁のないもの。社会人生活に必要な人脈を広げなければと頭を抱えたことも当然ない。それに広げたところで私の価値を認めてくれる人なんてほとんどいなかったからだ。

　だから私は、思いきり気楽に働いてみることにした。自分を「居ても居なくてもいい人材」だと思いながら新入社員時代を過ごした。おかげで肩肘張らずに自分のキャリアをスタートさせることができた。年収や労働環境はあまり気に留めず、単純に楽しくて働いていた。そして「今やっていることが楽しいか?」ということ以外の問いは考えないようにしていたのだ。振り返ってみるとあの時期が「何にも縛られない幸せ」を感じた初めての瞬間だったと思う。

その結果、面倒な社会人生活から他の人よりも自由になることができた。私には視聴者を楽しませたいという純粋な想いだけが残った。高い給料がもらえなくても、仕事の価値を認めてもらえなくても、ワラベルが保てなくても、私の動画を見て視聴者が楽しい時間を過ごしてくれればいい、そんな気持ちだけが残ったのだ。対価を求めないその真っすぐさが、私が仕事をする意味になってくれたのである。

　だけど実際に「真っすぐさ」さえあればいいという仕事なんて、この世にはない。縛られない幸せを感じるのと同時に、土台がないからこそ経験した限界もあった。番組を製作し始めたばかりの頃は「所属はどこだ」としょっちゅう聞かれた。オファーをする時「SBSで働いてることを証明しろ」「名刺をよこせ」と言ってくる人、バラエティ局と報道局、どちらの所属なのか明確にしてくれという人、そしてニューメディアは何をやっているのか説明をしてみろという人たちもいた。私たちの番組について一通り説明をしても「YouTube？　我々はそういうところには出ないので」と言って、電話を切る人も多かった。現実では、非主流の私たちを歓迎してくれる人なんて一人もいなかったのである。

　当時、報道局所属だった私には、バラエティ系の動画編集を教えてくれる先輩もいなかった。だからひたすらTVを見て、その編集をマネしながら技術を身につけていった。そして初めてスタジオで撮影し、編集まで担当したコンテンツが驚異の再生回数を叩き出したのだ。運良く次のシリーズを制作できるチャンスもゲッ

トできた。

　そうやって私は思いがけず演出を任されることになったのである。撮影現場で使われている専門用語も分からず、何がなんだか理解していない状態のまま、現場を走り回った。「カット！」をどのタイミングで言えばいいのか全く見当がつかない。出演料は平均で大体いくら支払うべきなのか、スタジオに照明を設置する時はどこに連絡をすればいいのかも知らなかった。他の番組のスタッフを見ながら、見よう見まねでやってみた。

　本音を言うと、当時の私は主流になれなかったという劣等感があった。もしバラエティ局や教養局に所属していたら味わう必要のない苦労だったから。指導してくれる先輩すらいないのが、なんだか悔しかった。

　2年ほど経ったある日、私の頭の中に衝撃が走った日があった。映画『はちどり』のポスターなどを手がけるデザイナーのパク・シヨンさんはインタビューの中で、自身のことを「土台がない人間だ」と話していた。自分はデザインを専攻していたわけでもないし、ポスターのデザインを専門でやろうと思っていた人間でもない。突如、商業映画界に現れた奴なだけだと。話を聞いてみると、あるグループにいた時にコンピュータの使い方が分かる人が自分しかいなくて、シヨンさんがポスター制作をするしかなかったのがキッカケだったらしい。周囲の人たちが彼の制作したポスターを見て称賛する姿を目の当たりにしてから、ようやく自覚し

たみたいだ。「あ……僕がやっているのはデザインなのか？」と。

　きちんとデザインを学んだことがなく、結果的に自分なりのスタイルが作り出されただけなのだが、現在デザイナーのパク・シヨンさんのセンスは独創的だと世間から評価を受けている。そして、このインタビューで気づいたことがあった。主流のスタイルを頑張って学びとろうとするよりも、オリジナリティを生み出し、独自路線を築くのに力を注いだほうがいいということだ。演出サイドの人間としての土台がない私が、限界を打ち破れる唯一の方法は、『文明特急』だけのオリジナリティを出していくこと。ただそれしかなかった。

　『文明特急』だけのオリジナリティを出すために重視したことは大きく分けて3つある。1つ目はトピックの新鮮さだ。他の番組でやっていた企画を、あえて私たちがやる必要はないので候補からは外していた。再生回数があまり伸びなさそうなものでも、初めて見るトピックならば思い切って取り上げた。一番記憶に残っているのは、パーカーを公式の制服として採用している学校だ。当時は制服をタイトに着るのが学生たちの間で流行っていたが、ブカブカのパーカーが制服の学校もあると知った学生の視聴者からは「自分も楽な制服を着たい」というコメントがたくさん届いた。再生回数はともかく「制服は楽なものがいい」という学生たちのニーズを引き出せたということに、このコンテンツの大きな意味がある。

2つ目は、出演者の他では見られない姿を引き出すべく最大限の努力をすることだ。トップスターと呼ばれる出演者であれば、彼らの平凡な一面や親しみやすさが伝わるような編集をする。お笑いタレントが出演した時は、いつもの面白い姿より仕事に対する姿勢や努力に注目した。そして世間の人々が華やかなイメージを持っているアーティストには、自分自身もプロデュースに参加し作詞作曲を行い、アルバム制作に力を注ぐ姿にスポットライトを当てた。

　3つ目は反則をしないことだ。番組に関する情報は全て視聴者に共有し、PPLや広告が入る時は、正直に広告費用で製作したものだと知らせている。メンバーのヤニPDが転職する時もYouTubeでオープンに発表した。さらに新しいプラットフォームに進出する時は、そこに至るまでの過程を視聴者に一つひとつ見せていった。特権のない私たちも、ルール違反をせず一生懸命働いているんだという事実を知ってほしかったからだ。

　まだまだ先は長いかもしれないが『文明特急』は少しずつ独自の路線を確立しつつある。既存の演出スタイルやシステムを知らずに、この仕事を始めたことがオリジナリティを生み出す上で強みになったのだ。

　私の所属はいまだに、バラエティ局でも、教養局でも、報道局でもない。主流ではない非主流として学歴や人脈、所属の腕章も何も持たないまま、生き残っていかなければならないのだ。順風

満帆とまではいかないかもしれないが、かわりに得ることのでき
る縛られない自由を満喫し、それを周りの人たちにも伝えていき
たい。無理に人から認められようとしなくても大丈夫、別の方法
だってあるんだということを。

偏見を持った瞬間、
誰でもコンデになり得る

——

　私は自立しているという自信があった。「力を貸してほしい」と声をあげても、手を差し伸べてくれる人はほとんどいなくて、心の中に硬いた・こ・のようなものができていた。つまずいても誰かが起こしてくれるまで待たずに、一人でめげずに立ち上がっていた。だから無視されても泣くどころか、絶対に見返してやるという強い気持ちを持って働き続けた。た・こ・は私を強くしてくれたけれど、同時に自分以外の人をすぐ敵と認識する人間になってしまった。特に私がコンデだと壁を作っていたのは、オールドメディアで仕事をする人たちだった。

　TVの特番として、地上波での『文明特急』の放送が決定し、オールドメディアで働く監督の方々と打ち合わせをすることになった。19階のオフィスに閉じこもっていた私は彼らに会うため、エレベーターに乗って下の階に向かった。4階の空気はなんだかとても重苦しくて、明かりも19階よりどことなく暗かった。私は深呼吸をしながら頭の中でシナリオを描いた。

「TVのことなんて分からないくせに、ニューメディアがなんで突然しゃしゃり出てきてんだ？」「テレビ番組は初めてだろ？」「PDなのにこんなことも知らないのか？」

　コンデたちが投げかけてきそうな最悪のセリフを思い浮かべ、どう切り返そうか必死に考えた。でもサポートしてほしいと頼みにきたのは私のほうだし、自分が下手にでるしかなかった。カッとなっても反論しない、ひどいことを言われたとしても、全部笑ってスルーしようと心に決めた。どんな逆境に追い込まれても泣かない、明るくてタフなドラマの主人公になりきり「こんにちは。文明特急チームのホン・ミンジと申します」と言いながら堂々とオフィスに入ると、出入口に一番近い席にいた白髪交じりの人が、ゆっくりと立ち上がった。眼鏡をかけ直し、少し渋い表情をしているその人と目が合った瞬間、まずい……私はコンデの気配を感じてしまった。そして彼はゆっくりと私が立っているほうへやってきたのだ。このわずかな時間で私は「このまま19階に戻りたい」「いや、引き下がるわけにいかない、あのコンデと戦わなきゃ」と、ありとあらゆることを考えていた。

　彼がオフィスの中央にあるテーブルにやっと腰を下ろしたので、私もその後に続いた。なんでこんなに座るのがゆっくりなのだろうか。私が先に座ってしまったら何か言われそうで、気が気ではなかった。眼鏡越しに目を大きく見開きながら、彼は私をじっと見て「コーヒー飲みますか？」とやっと最初の一言を切り出してきた。

ちょっと待って。これは私にコーヒーを入れてこいと頼んでいるのではなくて、私に飲むかどうか聞いてるってこと？　「い、いいえ……」。本当はコーヒーを飲みたかったが、なぜか反射的に断ってしまった。すると彼は「そしたら、ビタ500飲みます？」と聞いてきた。栄養ドリンクはあまり好きではないけれど、彼のその心遣いが嬉しくてビタ500を飲むことにした。

　「文明特急ですよね」彼はゆっくりと私にビタ500を渡しながら尋ねてきた。私は無駄に萎縮してしまい、今にも消え入りそうな声で「はい……」と答えた。「4階に来ると聞いてからYouTubeで全部動画を見たんだけど、とても面白くって」

　「本当ですか……？」私はまだ半信半疑だった。「ロックバンドの紫雨林の回、見ましたよ。クオリティもすごく高かった！」

　その時に気がついた。今このオフィスにコンデがいるとしたら、それは私なんだと。経験がなくて自由だったころから一変、少し経験を積んだ私は無意識のうちに偏見と先入観を持っていた。そして相手をよく知ろうともせず、勝手に評価をするようになっていたのだ。彼らは敵ではなく味方かもしれないのに。

　この日以来、監督に会ってもガードを作らず、自分の意見を話せるようになった。地上波で放送するコンテンツを製作するのは初めてだから、たくさん失敗すると思う。だから、色んなことを

教えてほしいと正直に打ち明けた。監督たちは「初めてだから大丈夫」だと私を安心させてくれた。準備段階から撮影当日までの間ずっと、私が自信をなくさないよう「大丈夫だ」「ゆっくりでいい」「このくらいできれば上出来だ」と声をかけてくれた。おかげで大きな失敗もせず、無事に全て終わらせることができた。

　一緒に番組を作ってくれた外注の制作スタッフにお礼の電話をかけた時、音響チームの監督からこんな話を聞いた。「○○○監督に、ホンPDはテレビ番組の制作が初めてだから気にかけてやってくれって言われて、私たちもできる限りサポートしようと思ったんです」と。そう……4階にいる監督が他の制作スタッフたちに、ホンPDのことをよろしく頼むと、失敗してもしっかりカバーしてあげてほしいと、話をしてくれていたのだ。

　「自立」という言葉で飾り立てていた壁を、今度は私が破る番だった。事後処理をするため下の階に向かうと、太陽のせいかその日の4階はとても明るかった。秋が訪れたからだろうか、空気もどことなく澄んでいた。壁を壊してみると、4階は19階となんら変わりのない空間だった。

　学校では初心者であることを許してもらえる気がするけれど、社会に出るとそれを悪だと感じてしまう。自分をプロっぽく見せなければと勘違いをする。だから経験の浅い社会人は自分の周りに壁を作り、壁の外にいる人たち全員がコンデに見えてしまうのだ。

だけど世の中は思っているよりも悪くないところだ。私の失敗をとがめ、いじめてくる大人たちばかりではない。駆け出しの私に優しく道を示してくれる人だってたくさんいる。でも万が一コンデに出会ってしまったら、その人だけに分厚く高い壁を立てればいい。だからコンデを避けるためだけに、ラプンツェルのお城のような要塞へ自分を閉じ込めてしまうより、低い塀を作って、特定の場所だけに猟犬を配置する戦略でいくほうがずっとマシだ。これに気づいてから、私の奥歯に入っていた無駄な力がスッと抜けていった。

じっくり見ると本当に美しい

———

　PDごとに編集スタイルは違うと思うが、私は撮影した動画を何度も繰り返し見るほうだ。同じ本でも初めて読んだ時と、2回目に読んだ時で違うことを感じる。それと同じように、現場で感じたものと撮影した動画を見た時に感じるものは違うし、1回目よりも2回目、さらに3回目、4回目と、毎回気づくことが変わる。

　撮影現場で出演者と初めて対面する時は当然ぎこちない。だから私は、初対面の出演者とは無理に打ち解けようとせず、適度な距離を保ち、礼儀を守るようにしている。私の現場経験がまだ少ないからかもしれないが、あまり親しくなりすぎると現場の緊張感がなくなりそうで怖い。私はカメラの前で無礼なお願いをする可能性がある立場でもあり、出演者が自分に気を許しすぎてしまうと、現場のしまりがなくなることもあるからだ。

　出演者が芸能人の時は特に、適度な距離感を保つよう気をつけている。メディアを通して何度も芸能人を見ている私は、彼らに友人のような親近感を覚える。だから写真を撮ってもらったり、サ

インをもらったりしたくなるけれど、彼らにとって私は今日初め
て会った人間だ。職場で突然面識のない人が、自分のことをあた
かも前から知っているような素ぶりをしたり、一緒に写真を撮ろ
うと言ってきたりしたら、頭の中にクエスチョンマークが浮かぶ
はずだ。芸能人も同じ人間、きっと私たちと同じように感じるだ
ろう。

　そんな彼らとの境界線を守るために見つけた私なりの方法があ
る。撮影現場で顔を合わせる出演者を、会社の同僚もしくは時々
ミーティングをする他の会社のメンバーぐらいに考えるのだ。そ
うすれば距離感が自然と分かってくる。隣のチームの次長とあえ
て一緒にセルカを撮りたいと思わないのと一緒だ。

　こんな理由もあって私は編集にかなりの時間を要する。なぜか
というと、出演者との間に引いていた境界線を消し、情を持つた
めの時間が必要だからだ。私が出演者との心の距離を縮めること
で、視聴者もより彼らを身近に感じることができる。けれど私は
出演者とプライベートで仲がいいわけではない。だから編集に取
りかかる前に動画を見たり、書籍などの資料を読んだりして、そ
の人について知り、彼らとの間に引いていた境界線を少しずつ消
していく。「この人は本当にダンスがうまい」「この人は練習の虫
なのか」「この人は言語能力が高い人なんだな」こうやって見つけ
出した特長をしっかり伝えるために、頭の中でイメージを描きな
がら動画の方向性を決める。それから本格的に編集をスタートさ
せていくのだ。

まず、動画を見ながら撮影現場の雰囲気を思い出す。出演者の話を聞きながら、私がいつ、どんなことを感じていたのか、現場にいたスタッフたちはどういうリアクションをしていたのか、記憶から引っ張りだす作業をする。その次に生かしたい部分に大まかにチェックをつけていく。それからもう一度最初に戻って動画を見直す。テーマから外れているところ、面白さも感動もないと思ったところは大胆にカットする。そうすると動画が大体1時間程度の長さに縮まるのだ。

　そこからまた、1カットずつ丁寧に見直していく。初めて見た時はただ全員で笑っているシーンだと思っていたけれど、よく見てみると後ろに座っていた出演者のイスがグラグラしている光景が目に留まった。その後もずっと座りづらそうにしている。にもかかわらず、MCの質問をしっかり聞こうとしていた。ぐらつくイスを固定するために片方の脚に力を入れる姿が見えた。でもなぜ「イスを交換してください」と言わないのか。その動画の中の出演者が気になってくる。きっと現場のスタッフや周囲に気を使ってくれていたのだろう。このタイミングでイスの交換を頼んだら、番組の流れを止めてしまうと思って我慢していたのかもしれない。

　その時、編集に入る前にYouTubeで調べたこの出演者が出ている動画を思い出した。その動画を見て、出演者のあの行動は気遣いがあってこそだったんだと腑に落ちた。こうして調べることで私は彼の気持ちを理解し、些細な行動にも共感できるようになる。

そしてやっと私との間にあった壁を取り払えたと実感できるのだ。

　もう一度、動画を最初から見直していく。また別の出演者に目が留まる。現場ではよくしゃべり、よく笑う人だなと思っていた。しかし動画からは現場で見逃していた部分が見えてきたのだ。MCのトーク中、彼はしばしば考えを巡らせていた。口元からは笑顔が消え、眉間にはしわが寄っている。そして突然あるエピソードを話し始めた。彼は口に出す前に頭の中で一度整理するスタイルのようだ。何も考えずに発言するのではなく、むしろその反対で慎重なタイプだった。

　彼の発言をもう一度聞き返してみると、プラスになることばかりだった。普段メディアで目にする彼は、何も考えずズケズケとものを言うイメージだったけれど、それは本来の姿ではなかったのだろう。私は彼のその人となりをもっとみんなに知ってもらいたくなった。だから視聴者に植え付けられたイメージを取っ払い、本当の姿がしっかりと伝わるような編集を試してみる。こうして、また1つ壁を壊していくのだ。ここまで編集すると動画は大体30分ぐらいの長さになる。

　そして最後にもう一度整理する時間を作る。初めから動画を見て、抜けている部分はないか、度が過ぎている場面やしっくりこない場面はないかをチェックしていく。その時に修正することが一番多いのは、やはり動画の長さだ。出演者が多数いる場合、分量の少ない人が出てくるのは仕方のないことである。でもそこで

もう一度、出演者について自分が十分に考え抜いていたか振り返ってみるのだ。

　分量の少ない人が話す部分を中心に、編集前の2時間の動画をもう一度見返す。編集していた時は分からなかったけれど、彼がものすごく楽しそうにトークをする場面があった。そのシーンを編集して追加し、それからもう一度動画を見直しカットできる部分を探す。この作業を10回ほど繰り返すと、全体的にバランスの取れた動画に仕上がる。

　いよいよアップロードする時間がやってくる。もっと修正したいところがあったとしても手を放さなければいけない。動画が私の手から離れた瞬間、いろんな考えが頭の中をよぎる。ついに終わったという解放感もあれば、しっかりと魅力を伝えきれていない出演者がいるかもしれないという罪悪感も残っている。後悔しても仕方がないけれど、そうやってコンテンツは、決められた時間に後ろを振り返ることなく視聴者のもとへ旅立っていくのだ。

　この仕事をしていて、私が一番嬉しいと感じるのは「この人にこんな一面があるなんて知らなかった」というコメントがついた時だ。視聴者が出演者の新たな側面に気づき、その姿を好きになってくれるというのは、私だけが味わえる喜びだ。この喜びを感じるために、私は何度だって動画を見直す。2時間弱の動画だが、できる限り細部まで出演者をしっかりと観察する。これでもかというぐらい入念にチェックしていく。そうすると彼の人となりが見

えてくるのだ。本当に愛される資格のある人だということが分かる。だから私は今でも、何度も動画を見返しながら編集をする。

昔、詩人のナ・テジュさん[*34]のインタビュー動画を見たことがある。彼が学校で教鞭を執っていた頃の話で、問題を起こしてばかりの生徒たちもじっくり見ると美しい、ずっと見ていたら愛らしく思えてくると思いながら『草花』という詩を書いたと語っていた。——じっくり見てこそ美しいと、ずっと見てこそ愛らしいと、あなたもそうだと——[*35]。

この短い詩も改めて読み返すと、本当に愛らしく感じる。韓国の大手書店である教保文庫の光化門店に掲げられていた有名な詩ぐらいにしか思っていなかったけれど、読めば読むほどなぜか気持ちが分かるような気がした。なぜなら私が出演者に感じている気持ちがそうだからだ。カメラの後ろにいる制作チームを信じ、番組出演してくれる人たちをこれからも、もっとじっくり見ていきたい。彼らは本当に美しくて、愛らしい存在だと伝え続けていきたい。そしてこの気持ちが、私が忘れてはいけない初心だということに、最近やっと気がついた。

---

*34：1945年生まれ、忠清南道出身。韓国で国民的に知られている詩人の一人。
*35：『花を見るように君を見る』黒河 星子訳（2020）より。

予測不可能だからこそ
無限の可能性がある

――

　ジェジェオンニと出会えたのは本当に偶然だった。オンニはもともとニュース記事を書くチームの所属で、私は映像チームの所属していたけれど、いつの間にか2人で一緒に動画の企画を任されるようになっていた。構成はジェジェオンニ、編集は私が担当した。動画には出演者が必要だったけれど、残念なことに出演料を払うお金が私たちには一銭もなかった。

　ジェジェオンニは社内でずっと歌ったり踊ったりしていたので、私はそれならいっそのことカメラの前でやってほしいとお願いをしてみた。そうすれば出演者にオファーをする必要もなくなる。考えてみればその時は2人とも「お金がないから自分たちでやるしかない！」というマインドで、それが私たち『文明特急』の原点でもあったのだ。

　当時流行っていたTWICEの『TT』という曲をオープニングに入れたら、10代から20代の視聴者が興味を持ってくれるのではないかと思った。撮影に向かう車の中で私はジェジェオンニに、ロ

ケ地に着いたら今日の動画のテーマに合わせて『TT』の替え歌を歌ってほしいと頼んだ。するとオンニは「分かった」と言ってメモ帳を取り出し、あっという間に歌詞を作ってくれた。

　ロケ地の新村に到着すると、ジェジェオンニに「どこで撮るの？」と聞かれたので「あっちにある延世大の正門の前で撮ろう！」と答えた。オンニは「ちょっと恥ずかしくない？」と少し渋ったけれど、私はそんなのお構いなしに「大丈夫、どうせ誰も気にしてないし。1分で撮り終わらせるから」と特に何も考えずに説得した。ものすごく軽く受け流してしまったが、ジェジェオンニは延世大の正門に向かっていった。

　キューサインが出ると、オンニはついさっき車の中で考えた替え歌を歌い、そして踊ってくれた。しかしオーディオに声が入っていなかった。「オンニ、オーディオが切れてたからもう1回やらなきゃいけないかもしれない！」と言うと、ジェジェオンニは二つ返事で「オッケー」と答え、再びキューサインを待った。2回目のキューサインが出ると、オンニはまたすぐに1回目と同じように歌って踊った。それを見ていた私の頭の中に、突然ある疑問が浮かんだ。「あれ…？　あの人の職業ってなんだっけ？　NGが出ても、なんで文句も言わずにやってくれてるんだろう？」と。

　新村の真ん中で歌って踊っていたオンニも、本当はきっと戸惑っていたはずだ。結局そのシーンは動画全体のトーンと合わずカットした。けれどオンニは恥ずかしさに堪え撮影した動画がお蔵入

りになっても、コンテンツのためならばそのシーンはいれないほうがいいだろうと、なんともプロらしい一面まで見せてくれた。

その日以来、私たちは撮影に向かう車の中でアイデアではなく「今日のオープニングのダンスはどうするか」について真剣に考えるようになった。「T-ARAの曲はどう？」「昨日、人気歌謡で1位獲った曲って何？」など、ミーティングの内容もだんだんと音楽チャンネルのようになっていった。恥を捨て、道端で踊りながらMCをするジェジェオンニの姿を見るたび、私は「なんでこんなに上手なんだろう？」と感心していた。

芸能人でもYouTuberでもないジェジェオンニだけれど、いざカメラの前に立つと誰よりもプロとして仕事をこなすのだ。オープニングだけではもったいなさすぎて、ジェジェオンニが丸々1本MCをする企画をしたいと思った。オンニと約2〜3週間ほどミーティングを重ねた末『文明特急』をやることが決まった。「ジェジェオンニが新文明を直接体験し、それを世の中に広めていこう！」というのが企画のコンセプトだった。

第一回目を飾るインパクトの強いトピックはなんだろうと考えてみた。メディアでまだあまり取り上げられていない新しい文化を紹介することが最優先。当時世間では、あえて結婚を選択しないことを宣言する「非婚式」がひそかに話題になり始めていた。ジェジェオンニがライダースジャケットを着て非婚式を挙げたら面白そうな予感がした。これを思いついた時、オンニは別の記事

の取材でオンニはオフィスにいなかったので、カトクを送った。

　　ミンキー：オンニ、非婚式やってみる？
　　ジェジェ：オッケー！

　これが『文明特急』の第一回目『非婚式』の撮影に至った背景
だ。いつもインタビューで「なぜ非婚式をやることになったのか」
という質問をたくさん受ける。けれど私たちはそんなに複雑に考
えていなかった。「非婚」に何か立派な意味を持たせようとしてい
たわけでもなく、シンプルにやってみたいと思ったからやったの
だ。メディアを通して、主流ではない文化、いわゆる「新文明」
をもっと世間の人たちに知ってほしかっただけなのである。

　この頃から、撮影中にジェジェオンニのことを知っている人を
見かけようになった。オンニは様々な新文明を体験するMC、そ
して企画PDの二足の草鞋を履いていたので、私たちは冗談で「会
社員と芸能人、一体どっちなの！」とイジっていた。そんなある
日、アイドルグループ5Dolls出身で『Like this or that』を歌ってい*36
たソ・ウンギョさんが、ジェジェオンニを「半分芸能人、半分一*37
般人」という意味の「芸般人」と呼んでいることを話してくれた。

＊36：2011年デビュー、 2015年に解散した韓国の女性アイドルグループ。 F-ve Dollsと表記され
ることもある。 『Like this or that』 は2011年5月11日にリリースされた2枚目のミニアルバムタ
イトル曲で、 『文明特急』 では隠れて聴く名曲&効率が上がる作業用BGMとして紹介された。
＊37：Dollsではサブボーカル、 ラップを担当。 近年は女優としても活動している。

私たちはこれを「文明特急」のジェジェのキャラクターに設定した。“芸般人”ジェジェというキャラクターができたことで、芸能界の新文明を扱っても違和感がなくなり、番組の守備範囲も広がった。そして、普通の会社員だったジェジェオンニは「芸般人」になり、最近は芸能人のようになりつつある。

　同じ会社員として働いていたジェジェオンニが、他の世界へ入っていく姿をそばで見守る私の心の中は、穏やかではなかった。オンニが芸能界という世界に飛び込んだその瞬間から、アンチコメントもつくようになり始めたからだ。

　済州島での撮影が終わり、ジェジェオンニと一緒に宿で休憩をしていた時、スマートフォンを見たオンニの表情が一瞬で暗くなった。理由を聞くと、Instagramに悪意のあるメッセージが届いたのだという。その日、私は初めて新村で『TT』を踊るジェジェオンニを撮影したことを後悔した。

　アンチコメントは興味を持たれている証拠だと簡単に言う人もいる。けれど私は芸能人だから、それを受け入れて当然だとは思わない。言葉で人格を否定し、心を殺す殺人未遂となんら変わりないこの行為に耐えなければいけない職業なんて、この世にあるのだろうか。私は最近、ジェジェオンニに対してさらに罪悪感を抱くようになった。

　以前のように純粋な気持ちでコンテンツを作っていた時代に戻

ることはできない。『文明特急』の出演者がアンチコメントのターゲットにされないよう、より責任感を持ち慎重に編集していかなければならない。失敗したくはないけれど、いつかは失敗をしてしまいそうで怖い。そしてジェジェオンニもこれからは公人としての自覚を持ち行動していかなければいけない。オンニも私と同じで怖いはずだ。2人とも初めて踏み込む未知の領域で、試行錯誤を重ねながら、適応しようとしている途中である。

明日何が起こるかなんて分からない。炎上するかもしれないし、バズるかもしれない。批判の的になるかもしれないし、話題の中心になるかもしれない。いやもしかしたら、徹底的になかったことにされる可能性もある。だから私たちがこれからどんなふうに変わっていくのか、あえて想像しないようにしている。いつも予想していたのとは違う方向に私は進んできたから。今までの5年間のように、これから先の5年間も予測不可能な状態の中で、明日だけを考えて生きていくつもりだ。予測不可能だからこそなんでもできそうな気がしていた時のように。そして仕事を始めたばかりの時は予想だにしていなかった「今」が広がっているように。

90年代生まれもリーダーになる

——

　7年前、父方の祖父が亡くなった時、葬儀場で、あるおじさんに出会った。父の前の前の前の職場の後輩だと言っていた。父は他の弔問客と話をしていたので、とりあえず私がその方へ挨拶をしにテーブルについた。

　そのおじさんは私に、会社で父がどんな人だったのか教えてくれた。自分が新入社員の時、ホン部長じゃなければ会社をやめていたかもしれないと言っていた。正直今は連絡を取り合うような間柄ではないが、祖父が亡くなったと聞き、父に会いたくなって、訪ねに来てくれたようだ。

　父は考えようによっては、真面目すぎるお堅い人間なのではないかと思う。お酒が嫌いで人付き合いも苦手、お世辞もそんなに得意なほうではないから、会社で好かれるようなキャラクターではない。それでもそんな父を慕ってくれる職場の人もいると知り、少し安心した。父は私が小さい時から差別は最悪だ、人間はみんな平等であるべきだと教えてくれた。あのおじさんも父のそんな

一面を話してくれたのだろう。性別でひいきすることもなく、分け隔てなくコミュニケーションをとってくれた部長で、今になってそのありがたさが分かったと言っていた。

　娘である私に父への尊敬の念を抱いてもらうことで、その時の恩を返すかのように父への美談は続いた。そのおじさんに感謝しつつも、一方で父は孤独なアウトサイダーとして生きてきたのだろうと胸が痛くなった。父のスタンスに共感してくれたのは、いまだにそのおじさんたった一人だったからだ。そしてそれから7年経った今、娘である私もアウトサイダーになっていた。

　放送のシステムは、すでに長い時間を経て固定されてしまっている。放送局にはフリーランサーも、契約社員も、派遣社員も、正社員もいる。だから自分が番組を作る時は「同一労働、同一賃金」というルールをしっかり守っていきたい。これは私がこの仕事を続けている理由の1つでもある。ある意味、何もないまっさらな状態だといえるニューメディア業界が、新しいルールを示していけるのではないかという希望を実現するためだ。実際、私たちの組織には同じような考えを持つアウトサイダーが集まっている。ここではこの考え方がスタンダードなのだ。父は孤独だったかもしれないけど、私には同じ考えを持つ仕事仲間が近くにいるから安心だ。

　『文明特急』は5周年を迎えたあたりから、新しいコンテンツの形を見せていくだけでなく、メディア業界に新たな制作システム

を提示することを目標に設定した。番組のために働く制作スタッフがずっと勤められる環境を作ることが、長く続けていくには必要だと思うからだ。そのためには利益を出さねばならないし、スポンサーにも満足してもらわなければいけない。それと同時に成功にあぐらをかかず、コンテンツ制作における基本の部分を忘れてしまってはいけない。視聴者から見放されないよう、質を高め続けていかねばならないのだ。スポンサーの満足度とコンテンツの質、この2つのうち1つでも抜けてしまえば、番組はすぐにダメになってしまう。今まで作りあげてきたことをさらに確固たるものにするために、私たちは今も毎週新しく積み上げ続けている。

　個人的には自分が最近、どんなリーダーを目指していくべきなのかというのが大きな悩みの種だ。幸運なことに、私が今まで一緒に働いてきたリーダーたちは優れた能力を持つ人ばかりだった。リタやデリックそしてヘリまで、彼らのいい部分を1つずつ学び、マネをしてみようと思う。

　A.リタ（イアリタ）タイプ
　差別に敏感なリーダー。どんな仕事でも同じように価値を与える。小さな仕事を任せるにしても、その業務にどのように向き合えばメンバーが成長していけるのかを示してくれるタイプ。

　B.デリック（ハ・デソク）タイプ
　自分の失敗を3秒以内に認めるリーダー。変に意地を張らず、口癖のように「すまない、誤解していた」と言っている。生産的な

会話からより優れたアイデアを見つけ出す。活発に意見交換が進められるようコミュニケーションをとるタイプ。

C.ライキー（ジョンヨン）タイプ

度胸があり、肝が据わっているリーダー。メンバーのミスには自らが責任を持ち、解決してくれる。疲れていそうだなと思ったら何も言わずにコーヒーを買ってきてくれたり、ランチでおいしいものをおごってくれたりする。糖分が足りてなさそうだったらお菓子を注文しておいてくれる。言葉より行動で示すタイプ。

D.クロン（ハ・ヒョンジュン）タイプ

ビジネスとして収益を生み出す能力に長けているリーダー。番組は利益を出さなければいけない、そしてその利益はメンバーに還元すべきだと信じている。スポンサーと視聴者の間の好循環を最優先に考え、安定した仕組みを作っていくタイプ。

E.ヘリ（チョン・サンボ）タイプ

壁にぶつかった時、すぐに解決策を提案してくれるリーダー。自分が詳しくない分野で問題が発生した時は、知人を紹介し、そのトラブルが解決できるよう助けてくれる。「一番大きな難関に突き当たった時に助けを求めるのは誰か？」という質問を受けた時、真っ先に電話したい人第一位。ピンチを乗り越える能力がずば抜けているタイプ。

※当然リーダーによって短所もあるが、参考になりそうな部分

をピックアップしたので、ぜひマネしてみてほしい。

　ただ動画を撮りたくて始めたこの仕事だけれど、少しずつ仕事仲間が増えていき、どういうわけか私はリーダーになった。正直、最近までその事実を直視できずにいた。チームを引っ張らなければいけないという責任感が私には重荷だったのだ。けれど去年からはもう、受け入れることにした。だからメンバーたちの前では「ムリ、もうやめる！」というセリフは吐かないようにしたい。

　こうなったからには、私と少しでも関わりがあった制作スタッフたちが、成功をしてくれたらいいなと思う。『文明特急』のチームに残り続けなくてもいい。私たちを踏み台にして、より良い職場へステップアップしていってほしい。この想いは私にとって新しい原動力にもなっている。昔は自分のやりたいことを実現するために働いていたとするならば、今は仕事仲間にもっと良い評価を受けてほしいという気持ちで働いているとでもいえるだろうか。それに自分以外の人のために仕事をしている今のほうが、以前よりいい結果を出せているのだ。ひとりで生きていこうとしていた時より、やりがいも大きい。だから自分自身のためにも、優秀な制作スタッフとずっと働き続けられるような環境を作っていくつもりだ。うちの父とは違い、私たちは「NEWメディア」だ。だからきっと、この夢は叶えられるだろう。

成果と成功、真の意味は自分で決める

—

　私と同世代の人たちなら「自分も昔、経験してきたから分かるんだけど」というセリフを、耳にたこができるくらい聞かされてきただろう。アドバイスできずに死んでいったお化けがこぞって大人たちの魂に入り込んだわけでもあるまいし、なぜこんなにお節介を焼きたがるのだろうか。私も人生30年間の中で数えきれないほどのアドバイスを聞かされて育ってきたが、今も相変わらずその沼からは抜け出せていない。

　職場に限らずプライベートで年長者と話す時、必ずといっていいほど「最近しんどいことはないか」と聞かれる。そのお決まりの質問に私は「仕事量が多くてつらい」と機械的に答える。すると、待ってましたと言わんばかりに彼らは目をキラキラさせるのだ。そして必ずこう言ってくる。

「自分もそういう時代があったけど、あの年齢だから、あの働き方ができたんだ」

これほど参考にもならない回答があるだろうか。解決策にも、慰めにもなっていない。こんな時、相手にアドバイスをさせることなく、終わらせられる方法が1つある。何も言わずに甘いコーヒーのギフティコン（日本でいうLINEギフトのようなもの）を送りつけるのだ。高価である必要はなく、5,000ウォンくらいで大丈夫。面倒なお節介にはギフティコンで返しておけばOKということを、世渡りのコツとして知っておくといい。

プライベートでのアドバイスなら、まだいいほうだ。仕事中にこの類のアドバイスをされると1番頭が痛い。「自分も経験したから分かるんだけど、このやり方じゃダメだ」と口を出してきて、今私がやっている仕事を基準以下のものにしてしまうのだ。これまで一番言われてきたのは「PDが長期間1つの番組にだけ関わり続けるのはよくない」というアドバイスだ。

大人たちはもどかしく思ってしまうのか、ずっと『文明特急』に携わっている私と会うたびアドバイスをしてくる。1つの番組だけに関わり続けていたら、私の評価が上がらないからだろう。その優しさは本当にありがたいけれど、私は、はなから放送業界での自分の評価を重要視していない。他人が評価する自分より、自らが定めた目標を叶えられたかどうかのほうが大切なのだ。だから私は世間一般の成功の基準からはるか遠くの場所にいる。

PDとしての成功が多額の契約金を積まれて転職することであるとするなら、業界からの評価を気にせねばならない。そして興味

を持ってもらえるようなパフォーマンスやポートフォリオも作成しなければいけない。けれど、私の中の成功の基準は幸せか、楽しいかどうかだ。自分が仕事でどのくらい幸せを感じられているかが指標になっている。今は、『文明特急』のおかげで十分楽しく働けているので、自分の中の基準は達成しているのだ。だからもしPDをやめる時が来るのならば、それはきっとこの仕事がつまらなくなった時だと思う。

　アドバイスへの返答として上記のようなことを言うと、まるでみんな一緒に準備でもしたかのように、2つ目のアドバイスが登場する。それは「出演者への依存度が高いPDの烙印を押されてしまうかもしれない」というセリフだ。私は実際、出演者に依存しているPDである。風景や現象より、人が話しているところをカメラに収めるほうが楽しいし、そうすると必然的に人間がメインになる。出演者がいなければ、演出サイドとしての役割も必要ない。そして私は「演出サイドの人間は出演者の影になるべきである」を職業人の信念として掲げている。当然、外部からは演出サイドの仕事は見えないし、自分の業績が大きく認められないこともある。けれど、私はそもそも認められなくていいと思っているし、何か大層な夢を持っているわけでもない。これからも「ただの演出サイドの人間」として生きていくつもりである。

　こう答えると、このやりとりは3つ目の段階に移っていく。アドバイス通りにしなければ、彼らは信じようともしてくれないのだ。未熟で何も知らないから、そんなことが言えると「違い」を

「間違い」だと受け取る。そういう人たちに私の基準も正しいと証明し続けなければいけないのかと思うと、ノイローゼのようになってしまう。

　私はそんな証明ノイローゼに陥った同世代と会う機会が何度かあった。『文明特急』が始まって間もない頃に、私たちチームをインタビューしに来てくれた記者たちのことを思い出す。その当時はジェジェオンニもまだあまり世間に知られておらず、そのうえ私はただの一般人だったのに、取材の申し込みがきたことが不思議だった。ジェジェオンニと私は「なんで私たちのことインタビューするんだろう？」という疑問より「なんで上司が許してくれたんだろう？」ということのほうが気になった。

　上司を説得してやっとの思いで取材をしに来てくれたであろう記者たちはみんな、エネルギーに満ちあふれていた。だから私たちにも、前のめりにインタビューをしてくれた。インタビュー前に上司がなぜOKを出してくれたのかを聞いてみた。すると記者たちは、ほぼ2日間ずっと説得をし続けたんだと、悟りでも開いたかのような表情で答えてくれた。だから私たちも全力で対応した。このインタビューが話題になれば、ここまで来てくれた記者たちの選択が間違っていなかったということを証明できるからだ。

　信じてくれない人たちへ自分のことを示し続けなければならない状況は疲れるうえに、エネルギーの消耗も激しい。だけど証明をしないと、彼らのアドバイスにおとなしく従うしかない。だか

ら他に選択肢がないのだ。そしておかしいのが、経験をしてない人のほうがお節介を言ってくるということだ。自分は怖くて進まなかった道なのに、あたかも世の中にある全ての道を歩いてきたかのように話をする。実際に歩いてきた人たちは、あえて他の人にお節介などは焼かない。目標に到達する道は自分の歩んできた道だけではなく、何通りもあることを知っているからだ。

「はぁ。まだ若いからこういうことも書くよね」と思っているあなたは、まさにプロの教え魔だ。今この文を書いている私にアドバイスをしてあげたくてしようがない、そんなあなたにこの文章を捧げたいと思う。

諦めても死にはしない

———

　自責の念を感じるタイプの人は何かを諦めなければいけない状況になった時、ひどい自己嫌悪に陥る。他ならぬ私の話だ。幼少期は天真爛漫な子どもだったのに成長するにつれ、自己嫌悪になる回数も増えていった。

　おそらくこれが始まったのは、高校3年の受験生の時だったように思う。ドキドキしながら入試前に受けた3回の模擬試験の点数は、意外にも上昇曲線を描いていた。このぐらい点数が取れているのなら、志望大学にも合格できるだろうと思った。まだ合格してもいないのに教科書とノートを取り出し「○○大学　2010年度入学　ホン・ミンジ」とネームシールを貼った。チュソクの時は、大人たちの前で「絶対に志望大学に進む」と豪語もした。忘れたい黒歴史だけれど、家から地下鉄で通うとしたらどのくらい時間がかかるのか、確認も兼ねて実際に大学まで行き、まるでもうすぐ入学する学生であるかのように、後ろ手を組みながらキャンパスをひと回りしてきたりもした。

そんな無意味なことをするぐらい、私はどうしてもその大学に通いたかったのだ。入試当日の1時間目、言語領域[*38]のリスニングテスト中、今日はダメそうだという直感とともに、すうっと冷たい風が全身に入ってきた。入試はそんなに甘くなかったのだ。私は過去最低点が印刷された成績通知書を見ながら、わんわん泣いた。もちろん志望大学には出願することすらできず、諦めるほかなかった。

　人生でこんなふうに何かを手に入れたいと思ったのは初めてだった。そしてそれを諦めるしかないという挫折感を味わったのも初めてだったのだ。身体と心が洞窟の中に吸い込まれていくような感覚になった。私は数日間ずっとベッドに横になり、志望大学に行けない自分の姿を想像し最悪のシナリオを描いていた。そして残ったのは失敗者というレッテルをつけられた私の姿だけだった。

　大人になってから、諦めなければならないことがさらに多くなっていった。私が大学2年生だった2011年に「三放世代」という言葉が誕生した。
　経済的な理由で「恋愛」「結婚」「出産」の3つを放棄したり、先送りにしたりする若者世代を指す言葉だと定義されている。入試の成績に関しては自分のせいだったけれど、金のスプーンと銀の

＊38：1994年から2013年まで設置されていた国語能力を評価する試験領域のこと。 2014年からは名称が「国語領域」に変更された。

スプーンに表される格差社会の「ヘル朝鮮[*39]」で生き残っていくの
は、自分の能力でどうにかできることではない。そして気が付く
とあっという間に「恋愛」「結婚」「出産」に加え「人間関係」を
諦める「四放世代」になった。これ以上、何も放棄するものはな
いかと思ったけれど、まだ残っていた。すぐに私たちは三放に加
え「マイホーム」と「就職」も諦める「五放世代」になったのだ。
そしてほどなくして、「希望」と「趣味」までをも放棄する「七放
世代」になり、便宜上のためかそのまま全てを諦める「N放世代」
と表現されるようになった。だから90年代生まれの私は、これ以
上「放棄」という単語など聞きたくないのだ。

　けれど最近、私は新鮮な体験をした。諦めはしたけれども、挫
折感ではなく幸福感を味わえたのだ。私にとって新しい扉が開い
た瞬間でもあった。その一部始終を記録として残したいと思う。
　それはつい一週間前のことだった。文明特急チームはビッグプ
ロジェクトの準備をしていた。編成チームがTVで『文明特急』の
特別企画を放送する時間を用意してくれたのだ。私たちチームに
とって、絶対に逃したくない絶好のチャンスだった。しかし一番
重要な出演者との交渉がうまくいかない。オファーをした出演者
は本当にやむを得ない事情で出ることができなくなってしまった
のだ。私にはもうなす術がなかった。

　よくないことはいっぺんに起こるものだ。数時間後に次の試練
が訪れた。なんと話が進んでいたPPLの契約が取り消しになった
のだ。正式な契約成立直前で、その金額を考慮し予算を立ててい

たため、もともと組もうとしていたセットもキャンセルしなければならない状況に陥った。私は文明特急チームが崖っぷちに追い込まれているということを伝えに、ハ・ヒョンジョン代表のもとを訪ねた。そこで代表が提示してくれた解決策は「諦める」というものだった。毎回最高点をとるより、時々最低点をとって平均点を維持していったほうが、この先も長く続けていけると。今までずっといい成果を出し続けてきたから、今回ぐらい最低点を出しても大丈夫という論理である。その時、私はなんだか妙に納得した。今まで人生の中で私に最低点をとっても大丈夫だと言ってくれる人なんていなかった。母も、先生も、友達でさえも、結果を出さなければいけないと口をそろえて言っていたからだ。

　だから私は初めて、諦めた後に使う次の作戦を考えた。そして自分が一番やりたくなかった「再放送」をすることにしたのだ。YouTubeにあげたコンテンツを編集し直したものをTVで放送すれば、製作費はカットでき、無理に出演交渉をせずとも、すでに出演者たちのオファーは完了している。デメリットはYouTubeの『文明特急』を視聴している人は一度見たことのある内容なので、新鮮さはないという点だ。これはPDとしては一番怠慢な判断だった。最も切り出したくなかった「プランB」を提案したが、代表はそのほうが結果的にいい方向に進むと答えた。制作スタッフたちが

＊39：地獄を意味する「ヘル（Hell）」と「朝鮮」を組み合わせた造語。1970年代後半から1990年代前半の間に生まれた人々が、受験戦争や学歴差別の激化、若者失業率の増加など、韓国社会の生きづらさを「地獄のような朝鮮」と自嘲し、2015年頃にSNSから広がったスラング。

視聴率3％を作り出すために崖っぷちで苦しむよりも、撮影済みの動画を再編集して、チームのメンバーたちのことを気にかけながら、視聴率2％を出せたほうがメリットが大きいと言ってくれた。

　だから私は新しい「画」を諦めることを選んだ。なぜか後ろめたさは感じず、むしろ自分の中にあったつかえが取れたような気分だった。何かを放棄したというより、その時に私ができるベストな選択をしたという思いのほうが強かった。そして不思議なことに、そこから新たなアイデアが生まれた。『文明特急』の視聴者が再放送だと感じないよう、MCと一緒にVCR[40]を見ているようなフォーマットに挑戦することになった。そして、オファーできなかった出演者のことも諦めた。これ以上、スケジュールを合わせるためにお互いに時間を費やすのをやめたのだ。かわりに、他の構成で何か面白いことをできないかを話し合うため、もう一度会議を開いた。そこでまた新しいアイデアが誕生した。MCであるジェジェオンニがスペシャルステージに立つというものだ。オファーが成功していたら思いつかなかったプランBだった。そしてこの企画は幸いにも、いい反応を得ることができた。

　諦めたら崖から落ちるしかないと思っていたけれど、そんなことはなかった。必ずどこかにプランBは存在している。そしてプランBが視野を広げてくれることにも気づいた。「諦め」という単語が「N放世代」である私にとって肯定的に聞こえ始めたのだ。ついに悟りの境地に辿り着いたのかと思ってしまったが、そうではない。今までは他人や経済、社会的な問題のせいで放棄すること

のほうが多かったけれど、自分の意思で「諦める」ということは、逆に生産性を高めてくれるのだ。ビールを注ぐ時を思い出してみるといい。グラスなみなみに注ごうとする時、少しでもビールをこぼしたら、ティッシュを取りにいかなければならない。テーブルも拭かなければいけない。さらに服にまでビールをこぼしたら洗濯もしなければいけない。結局はこうやって面倒なことが色々とついてくるのだ。それなら溢れない程度に注いだほうが、無駄な労力を使わずに済む。

　入試終了直後にこれに気付いていれば、志望大学に行かなくてもできる他のことを探そうとしただろう。これからは自分が納得できる諦め方を身につけていくつもりだ。私はずっと「N放世代」として生きていくと思うが、これから先、諦めることが多くなったとしても、幸せになれるプランBを探し続けていきたい。

_____

＊40：VCR（Video Cassette Recorder）。日本でいうVTRのことで、動画映像全般を指す。

得意なことをやるのではなく、
できないことはやらない

——

　なんとしてでも就職したかった大学時代、私はある講演を聞いた。それは大企業で人事部長を歴任してきたという自信満々の講師による講演だった。彼はそこで何百回も自分だけの「強み」を見つけろと力説し、私はそれを聞いている間ずっともどかしさを感じていた。「強み」なんてないのに、それをどうやって探せばいいのか分からなかったからだ。

　もともと私は持って生まれた才能がそんなに多いほうではない。ある教科がずば抜けてできたわけでもないし、音楽の素質があったわけでもない。上手に絵が描けるわけでもないし、運動ができるわけでもなかった。平均点を維持しながら、何とか生きている学生だったのに、急に「強み」を見つけろと言われ、なぜか裏切られた気分になった。だから私は、得意なことを探すかわりにできないことはやらない道を選んだ。

　お金の計算が苦手なので、予算を組む仕事は候補から外した。大学のシナリオ授業で最低点を取ったことをキッカケに、映画関連

の仕事もリストから無くした。大勢の人とのコミュニケーションが必要な仕事も自信がないのでやめた。カメラの前に立つ仕事はできそうにないから、そもそも候補に入れていない。Excelは表を見るだけでも眩暈がするので、Excelをたくさん使用する仕事も避けた。あと、スーツを着て何時間も働けないと思い、厳格なルールがある職場には馴染める自信がなかったから、初めから考えてすらいなかった。そうやってできないことを消していき、最終的に残ったのが「PD」と「広告会社で働くこと」だったのだ。だから私はこの2つの業界にだけエントリーをした。仕事で結果が出せるという自信より、自分にとって最悪レベルではなく、よりベターな結果が出せる職業だと思ったから。

　そうやって最悪ではないベターなほうを選び、今こうしてPDとして働いているわけだが、自分としてはこの選択に満足している。その理由は、PDの仕事は初めからうまくこなせなくても大丈夫だから。私はいつも1回目の挑戦でつまずく人間だ。慣れないことをする時はかなり緊張して、そのせいで判断力が落ちる。2回目のチャンスがなければ、いつも最低点を記録して終わりだ。例えば、運動会で徒競走する時はピストルの「パンッ」という音に驚いてスタートダッシュはいつもビリ、中学入学後の初の中間考査はうまくいかず、高校生の時に受けた入試も盛大にすべり、大学時代も初めて最終面接まで進んだ会社は不合格だった。

　そういう面でPDは、放送局にある職種の中でも、まだマシなほうだろうと思う。撮影現場で失敗をしたり、画が撮れなかったり

しても、編集でどうにかできる。それにその過程でミスをしても「Ctrl＋Z」キーを押せば元に戻せるし、「Ctrl＋X」キーを押せば切り取ることだってできる。納得のいく動画が完成するまでひたすら修正、そして保存を繰り返せる。編集機の前では運などは通用せず、小細工をすることもできない。ただ自分が込めた誠意と頑張りに比例して、成果物が出てくるだけなのだ。それに対して、カメラ監督は一度のキューでしっかり撮らなければというプレッシャーがあり、アナウンサーは一発本番で生放送をミスなく進行しなければいけない。記者も現場でリアルタイムで起きていることを逃さず伝えなければならない。けれど動画編集は自分さえやる気になれば、10回目までだって挑戦することができるのだ。

「得意なことをすればいい」と当たり前のように発せられる言葉に心が折れて、縮こまってしまうのならば、私のように消去法で、最悪を避けられる仕事を探すのもアリだと思う。無理矢理得意なことを見つけようとすると、自己嫌悪に陥ってしまう場合もある。そして得意なことをさらにうまくやろうとすると、ある瞬間からそれがストレスとなる。

　私はできないことから目を逸らし続けて、ここまで生き残ってきた。不得意なことを克服するために努力をしない人間だ。高校生の時、第二外国語で日本語を選択したが、学校の授業に全くついていけず、勉強はしていなかった。赤点を取った私に、先生は日本語を勉強しなさいと言ってきた。だから私は「自分以外にも日本語ができる人はたくさんいるので、その人たちが社会で必要

な仕事をすればいいのではないのですか？」と言い返した。高校を卒業してからだいぶ経つが、今のところ赤点をもらったことで不利益を被った記憶はない。できないことを諦めれば、その分ストレスもあまりたまらず、その時間にもっと自分自身を活かせる他の方法を見つけることができる。

　これからも、できないことはせずに生きていくつもりだ。世の中には私よりできる人がたくさんいるのに、得意になろうと私がじたばたしてもしようがないかなと思う。不得意なことは周りの人に助けてもらい、誰かが私にヘルプを求めてきてくれた時は喜んで手を差し伸べる。そんなふうにお互いに不足している部分を補い合いながら人間関係を構築していきたい。できないことを諦めながら、なんとか生きながらえている。そのかわり今は、誰かと協力して仕事をするためのスキルを磨いている。

　TV特別版の『コムヌンミョン スペシャル』をすることになった時、音楽番組のフォーマットでの製作が初めてということもあり、番組をうまく作れる自信がなかった。音楽番組にはカメラが1番から7番まであり、PDたちがカッティング[*41]を行う。私がこの作業をイチから教わってやることもできた。けれど教えてもらったからといって、上手にできるとは限らないし、できないであろうこ

＊41：カッティング：アーティストのパフォーマンスを撮影する時、1人を画面の中心に捉えて撮影するワンショットから画面に人物の全身が入って映るフルショット、そして5人から10人程度を撮影するグループショットに移る一連の流れのコンテをPDが作成し、ディレクティングすること。

とをあえて覚えようとは思わなかった。だから私は、その道のプロフェッショナルにフォローを頼みに行った。そんな私のお願いを、ミン・ソンフンPDは「久々にやるから楽しみだ」と快諾してくださった。

初めてのステージ演出だったので、ミスをたくさんするだろうと思った。だから撮影チームのもとを訪ね、自分はたくさんヘマをしそうだから、腕のある先輩方と一緒に組みたいですとお願いをした。冗談交じりで「マンネ（末っ子）が50歳だぞ」と言いながらも、一番キャリアの長いベテランカメラ監督たちとチームを組ませてくれた。撮影現場ではうまく指示を出せなかったけれど、力不足の私をカバーしてくれる監督がいたので、なんとか無事に収録を終えることができた。

ベテラン監督たちと一緒だったからこそ、できないと思っていたことが結果的にうまくいったのだ。反対に監督の方々は、今までやったことのない企画に参加できて楽しかったとコメントをくださった。私の新しいアイデアと専門家たちの高いスキルが合わさり、相互補完的な関係が構築されていたのだ。

能力のある人が認められる社会に生まれてしまった私たちには、何か1つぐらい自信を持ってできるようにならなければというプレッシャーが付きまとう。生まれてからずっと、そう言われながら育ってきたからだろうか。うまくいかなかった時、コンプレックスが爆発し、他者への攻撃や嫉妬という形でその劣等感を解消

しようとしてしまう。

　たとえ自信を持てることが1つもなくても、何か自分にできることを1つ見つけ出し、自分に足りない部分を認め周りにサポートを求められるのも勇気だと肯定される社会になってほしい。そうやって身につけたスキルで、また違う誰かをフォローできるようなメンバーが増えていくのが理想だ。

英雄になりたいと思ったことはない

———

　昔のことわざや四字熟語を見ると、その洞察力に感心させられることが多い。けれども「乱世が英雄を生む」は、今使うにはかなり時代錯誤な表現だと私は思っている。しかし、実際のところ大人たちはやたらとこの言葉を使う。

　大学時代に某氏と話をする機会があった。「最近しんどいことはないのか」と聞いてきたので、私は就職活動がうまくいかず大変だと答えた。するとその人は「今は経済状況が良くないけど、乱世には英雄が生まれるっていうだろ。だから会社へ就職することが絶対ではないし、何かクリエイティブなものを考えてみるのはどうだ」と言ってくるではないか。他にもグローバルな時代だから海外就職も視野に入れてみろだとか、革新的なアイデアをもとに自分でスタートアップを立ち上げてみろだとか、最近注目されているアプリを開発したら大当たりするんじゃないか、とか色々とアドバイスをされた。

　私は英雄になりたいなんて一言も言っていないのに、その人は

勝手に英雄になるためのとっておきの秘訣を私に伝授してくれた。「ピンチはチャンスだ」と投資本に書いてありそうな名言まで言い放った。私が「ただみんなみたいに就職先が必要なだけなんです」と返すと、その人は舌打ちをしながら「これだから最近の若い奴らはダメなんだ」とぼやいていた。

　大人たちは英雄になるための秘訣を教えることを口実に、若い世代に希望を持たせたがる。ブルース・リーの映画を見て育ったからだろうか？　チョウ・ユンファのカリスマが好きなせいだろうか？　はたまた、朝鮮戦争を経験した彼らの両親の影響？　民主化運動の前線で社会の変化を目の当たりにしたから？　目の前の乱世に真っ向から挑んでいった上の世代に対して尊敬の念はもちろん持っている。けれど、あの時の乱世とは状況が違う。今はより個人的で自分を表に出さない人が多いから、力を持った一人のリーダーが特定のグループの首根っこをつかみ引っ張っていくような組織が、これ以上力を発揮していくことはできないだろう。だからピンチに陥った時は英雄を待ち望むより、個々がどんな職業倫理を持ち、どのような姿勢でそれぞれの役割を遂行していくべきなのかを話し合うことが大切だと伝えていかなければならない。

　私は最高になる方法には興味がない。最善で生きていくための方法に関心があるだけだ。けれど「トップになれ」という教育を受けて育った私は、そう生きていくにはどうするべきなのかがよく分からない。『文明特急』のインタビューの中で、大ベテラン俳

優のユン・ヨジョンさん[*42]が「最高ではなくて"最中（完全なる中間）"
で生きていくのはどうか」とおっしゃっていた。「あなたも英雄に
なれるから！」と現実味のない言葉ばかり浴びてきた私は、その
一言に励まされた。

　ありがたいことに『文明特急』は以前より影響力を持つように
なった。MZ世代[*43]を代表するYouTube番組だと言ってくれる関係者
もいるし、記事だって出た。あるインタビューで「ニューメディ
アのトップランナーとなった心境はどうですか？」と聞かれたこ
とがある。私とジェジェオンニは「自分たちがトップだなんて思っ
ていなかったです」と答えたが、インタビュイーは「"トップ"だ
と言われて嬉しくはないものなのでしょうか？」と問い返してき
た。気分が悪いとまではいかないけれど、だからといって宙に舞
い上がるほど嬉しいというほどではない。例えるならば、あまり
実用性のない高価なプレゼントをもらったぐらいの気分である（褒
め言葉に対し、ケチをつけてしまって申し訳ない）。

　私は毎日自分の場所を守っていくだけで精一杯。だから英雄に
なりたいと思ったことはない。けれど大人たちは誰かに「最高」
「トップ」「英雄」という修飾語をどうしてもつけたいみたいだ。そ
のくせ、私たちが苦しんでいても手を差し伸べもせず、逃げてい
くケースもたくさん見てきた。だからこれからも私に「トップに
なれ」という話はしないでほしい。それより「よく頑張ってる！」
という言葉のほうが心に響くし、今の私にとってピッタリな褒め
言葉だ。

周りの雑音はノイズキャンセリング

———

　高校生の時だろうか。私は「スター病」という言葉をバラエティで初めて耳にした。ある俳優が当時、トーク番組でそのことについて話をしていた。無名から突然有名になったことでスター病にかかり、周りの人たちはとても大変そうだったという。そんな時、ある先輩が「正気を取り戻せ」と言ってくれ、自分がスター病にかかっていることに気づき、今は周囲の人たちの愛の鞭を受けながら回復中だという話だった。番組で流れた映像もなんとなく覚えている。その俳優が病室で横になっている場面の吹き出しに「コーヒー持ってきてくれ〜」という字幕が入っていたと思う。

　私は正直、TVを見ながらバカにして笑っていた。なんでスター病にかかってしまうのか共感できなかったからだ。けれど今はそ

———

＊42：1947年生まれ。 2021年、 映画『ミナリ』で、 韓国俳優として初めて 「第93回アカデミー賞」 助演女優賞を受賞。

＊43：1980年代半ばから1990年代初めに生まれた 「ミレニアル世代」 と、1990年代後半から2010年の間に生まれた 「Z世代 (ジェネレーションZ)」 の2つの世代を合わせて、韓国では 「MZ世代」 と呼ぶことが多い。 主に2022年現在の20代・30代の若者たちにあたる。

んなふうに思っていたあの時の自分をぶっ飛ばしてやりたい。な
ぜなら今、自分がその「スター病」を発症しているからである。も
ちろん俳優が患っていたものとは違う。私のスター病の症状は次
の通りだ。

1. 芸能人が出たら再生回数をもっと楽に伸ばせるのではないか
　と無意識に考える。
2. 芸能人のオファーに多くの時間と過度なエネルギーを注ぐ。
3. 芸能人との交渉が失敗すると、この世が終わってしまったよ
　うな気分になる。
4. 芸能人が出演すれば、チャンネルが大きくなるという妄想に
　ふける。
5. フォーマットについて頭を悩ませるより、再生回数を伸ばし
　てくれる芸能人は誰なのかを考える。

　自分がスター病にかかっていると気づいたのは、比較的最近だ。
チーム全体で数週間ずっと力を入れていた出演交渉が、最終的に
不発に終わったことがあった。これさえ成功すれば、再生回数は
保証されたも同然だと信じ込んでいた。だから交渉が失敗したと
分かった瞬間、私のメンタルは崩壊した。挙句の果てにチャンネ
ルが無くなるという最悪の事態まで想像した。不眠症は悪化し、会
社で編集作業をしていた時に呼吸困難になったこともあった。

　他に出演してくれる人がいないか探し回った。けれどその後の
出演交渉もことごとく失敗し、結局1週間という時間を無駄にして

しまったのだ。「売れている」芸能人が出てくれなかったら、視聴者が離れていくのではないかと打ちひしがれていた時、隣にいたオ・ハンジュPDが私にこう言ってきた。

「出演交渉をするより、まず最初にフォーマットから考えなきゃいけないんじゃないんですかね？」

　けれど私は「有名人が出演してくれないと、企画倒れしちゃうから今はフォーマットを考えてる場合ではない」と答えた。

　半ば強制的に話を終わらせ、家に帰って横になっていたが、オ・ハンジュPDから言われた言葉が頭から離れなかった。

「いつから私は、出演者の人気に頼って企画をするようになったのだろう？」

　ろくなアイデアもなく、一回でオファーを成立させようというなんともいい加減なことを考えていた。芸能人の出演者が増えるにつれ、再生回数もだんだんと上昇曲線を描くようになり、演出サイドである私がそれに味を占め、番組の本質ではなく上辺だけを見るようになってしまっていたのだ。

　オ・ハンジュPDのおかげで、私は自分が重度のスター病であることに気づいた。この状態を脱するために、私は番組の本質である企画のコンセプトをもう一度見つめなおし、5つのポイントを

ノートに書き出してみた。

1. 90年代生まれが広く共感できるコンテンツを作らなければならない。
2. 出演者が変更になっても大丈夫なように固定フォーマットを用意しなければならない。
3. YouTubeやテレビなどの出演に慣れていない一般の人も、のびのびと参加できる構成が必要である。
4. 既存の放送や番組では見ることができない「画」がなければいけない。
5. その結果として、新鮮だという評価を受けなければいけない。

振り返ってみると、コンテンツの中心はアイデアのはずなのに、直近の6か月はその大事な部分をすっかり忘れていた。チームで会議をする時も、アイデアを広げるためというより、出演交渉についての話し合いが大部分を占めていた。だから私たちはもう一度、コンテンツの本質を見つめ直す会議を始めることにした。現在進行形で本質に集中するための努力を重ねている最中だが、新しいフォーマットも徐々に確立されつつある。だから今は、突然出演交渉が決裂してもメンタルは崩壊しないだろう。こうしてコンテンツの本質と向き合いながら、私はスター病を克服するために頑張っている。

面白い番組を作りたくてPDになったはずだ。芸能人にオファーがしたくてPDになったのではない。けれど今の私は、芸能人との

出演交渉ばかりに必死になっている。ふと、なぜ自分がこうなってしまったのか考えてみたが、きっと周りの人たちの言葉に振り回されすぎていたのだろう。

「そろそろ一般受けするものを考えないと」「芸能人がたくさん出演するのが人気番組だってみんな思ってる」「芸能人が出てる動画のほうが面白い」などという声に、知らないうちに揺さぶられていたのだ。『文明特急』がもっと多くの人に見てもらえるようになってほしかったし、人気番組に押し上げていきたかった。知名度のある芸能人を起用し、わざわざ企画アイデアを捻りださなくてもいい方法で楽をしようとしていた。それが『文明特急』のコンセプトとは真反対であるにもかかわらず、周りから聞こえてくるノイズのせいで、原点に立ち返れていなかったのだ。

　私に初めて「スター病」というものは何かを教えてくれた俳優も、あんなふうになった背景には必ず誰かのノイズがあったはずだ。「俳優なら堂々としてなきゃ」「俳優だったらおしとやかにしてなさい」「俳優はこういう服を着たほうがいい」「俳優ならそういうことしないでしょ」。演技が好きで俳優になったのに、周りのノイズに惑わされてしまったのだろう。爆音をずっと聞き続けると聴力が落ちるように、だんだんとノイズに慣れていってしまったのだ。

「学生は勉強しなきゃ」「女性は控えめなほうがいい」「男性は度胸がないと」「大学は行くべき」「結婚はしたほうがいい」……。こ

んなノイズが耳に入ってきた時は、AirPodsのノイズキャンセリング機能を使うといい。そしてこの世知辛い世の中で生き残るには、周りから聞こえてくるありとあらゆる固定観念を果敢にシャットダウンしなければならない。そうすれば自分の意志や信念、価値観に集中できるようになる。もしいつか神様が私に1つだけ能力を与えてくれるのなら、きっとAirPodsがなくてもノイズキャンセリングができる力をくださいと言うだろう。

笑っているうちに自然と距離は縮まる

——

　給料をもらう社会人として初出社をした日、私は内心とてもビビっていた。ドス黒い顔をした見知らぬ人たちが、どんよりとしたオーラをまとってオフィスの中を歩き回っていたからだ。タチウオみたいな光沢のあるグレーのスーツを着込んだ最初の上司であるデリックは、その時、私にこう言った。「会社は大学のサークルとは違うからな」と。

　今になって考えると、先手を打って自分の立場を有利にしようと放った一言だったように思う。私にとっては何もかも初めて。ミスを繰り返し、何度も叱られているうちに、だんだんと自信をなくしていった。そんなある日、ジェジェオンニと私はデリックと一緒に、社員食堂でランチを食べることになった。当時、ダイエット中だったデリックはセルフバーにあるサラダをお皿いっぱいに盛ってテーブルに戻ってきた。それを全部平らげ、さらに4回ほどおかわりしていた気がする。

　私が「サラダを4回おかわりするのと普通にご飯を食べるの、似

たようなものじゃないですか?」と聞くと、デリックは戸惑いな
がらも「ダイエットにはサラダのほうがいいんだ」と、あたかも
それがダイエットのコツであるかのように答えた。隣でこの会話
を聞いていたジェジェオンニが「デリック、ゾウも草だけしか食
べてませんよ」と言うと、私たち3人はそろって大爆笑した。

　この出来事があってから、デリックを見るたび「サラダ4回お
かわりダイエット事件」を思い出すようになり、彼がどんなに怒っ
ていてもビクビクすることがなくなった。社会人になってから萎
縮し、小さくなっていた自分にとって「笑い」は、かなりいい突
破口になってくれたのだ。それからというもの、私は新しい上司
に会うと、まず最初に注意深く観察をし、何か面白いエピソード
がないか探すようになっていた。すると、自分の中のリーダーた
ちに対するイメージが変わった。彼らは怖くて近寄りがたい人、
ばったり出くわしたら知らないふりをするような存在ではなかっ
たのである。面白くて楽しい人たちなんだと思えるようになって
から、上司と接する時、私の心ははるかに軽くなった。

　無愛想な性格で、私たちにもあまり話しかけてこなかったライ
キには、最初からどこか近寄りがたい壁のようなものがあった。あ
る日ライキが朝ごはんで持ってきたゆでタマゴを剥いている時、な
んともいえない生臭いにおいが漂ってきた。するとジェジェオン
ニが隣で「リーダー、今オナラしました?」と言ったのだ。私も
そのジョークに便乗して「まさか～」と一緒になって茶々を入れ
た。するとライキは、会社でそんなことを言われたのは初めてだ

と呆れながらも笑っていた。その日以来、ライキを見るとタマゴからオナラのにおいがした時のエピソードを思い出し、ニヤニヤしてしまうようになった。分厚くて高いと思っていた壁は、雪が溶けるように消えてなくなり、いつの間にか私から先にリーダーたちへ話しかけ、冗談を言うようになっていた。

　何も全国の上司たちをからかおうという意味ではない。メンバーはリーダーと話す時、真面目になりすぎる必要はないということを言いたかったのだ。だから私はリーダーになってから、イジってもらえるような存在になろうという目標を立てた。親しくなりたくない人にはそもそも、ちょっかいを出したいとも思わないものだ。相手を構いたいというのは、その人と距離を縮めたいという気持ちがあるからこそで、コミュニケーションを取りたいというサインでもある。文明特急チームのメンバーも私とそんなふうに接してくれたら嬉しい。

　たまにチームの雰囲気を和らげるという名目で、メンバーにとんでもないジョークを飛ばすリーダーを見かける。そして自分の冗談がメンバーを不快にさせていることに気がつくと、当の本人はメンバーよりも嫌な顔をするのだ。最近は後輩たちが怖くて、冗談すら言えないとぼやいている。そんなリーダーたちには、まず自分から先にメンバーへ隙を見せることをオススメする。

　自分が冗談を言う側になるのではなく、メンバーたちが冗談を言っても、どんと構えて受け止めてあげられるリーダーになるこ

とが、いいチームの雰囲気を作るためには効果的だと思っている。ただ1つ注意するべき点は、イジってもらえるようなリーダーになるには、自分が一番仕事ができる人でなければいけない。そうしないと、ただ馬鹿にされるだけの人間になってしまうからだ。

うんざりするようなことも、
ひとまず頑張ってみる

——

　試験に合格するために頑張らなければいけない。大学に進むために頑張らなければいけない。大企業に就職するために頑張らなければいけない。昇進するために頑張らなければいけない。若者たちは本当に根性がないのだろうか。いつからか若い世代に「根性を持て」と言う人が増えた。

　2010年ぐらいから、ずっとこんな感じだ。私は「根性を持て」という言葉を聞くたび、耳をほじったりあくびをしたりするような人間だった。結局は「主流になるために頑張るべきだ」と押しつけているにすぎないのだ。全員が同じ目的地に向かうパッケージツアーのように1台のバスに乗せられ、バスを逃したら私だけが恥をかくような雰囲気を作った。こんな残酷なツアーに参加なんてしたくなかったけれど、一人で自由に旅をする方法を、誰も教えてくれなかった。みんなに置いていかれないように、こっそり適性検査の問題集も買ったし、スペックを積むために努力もしてみた。似合わないスーツを着て、面接のグループ練習にも参加した。スケジュールがぎっしり詰まっている団体ツアーで、自分

だけ別行動をすることが怖かったのだ。

　けれど、そんな学生時代が終わりいざ社会人になってみると「頑張らなければいけない」という言葉の一面を少し理解できるようになった。誤解されてしまうかもしれないので、予め言っておくと「主流」になるために、がむしゃらになるべきということを肯定しているわけではない。自分が目指す目的地へ辿り着くには、ある程度の根性も必要だという意味だ。その目的地はみんなが憧れているようなところでなくてもいい。いや、他の人たちが嫌がるような場所を目的地にすることもあるかもしれない。もちろん法を犯さない範囲内での話である。周りの人の視線を意識して耐え続けるよりも、ただただ自分のために努力をするほうが、何十倍も自らの人生にとって財産になるからだ。だからといって「つらいから青春だ」という言葉のように、苦しくなるまで踏ん張る必要はない。

　一番悔しいのは、自分はもっと頑張りたいと思っているのに現実にぶち当たり、諦めるしかない状況になった時である。例えば、生活費が尽きたり、周りの人からの助けを得られなかったり、試験を受け続けられるような環境ではなかったり、性別や性的思考によって差別を受けたりするような瞬間だ。自分が変わるべきなのだろうか、本来の自分を隠さねばならないのだろうかと悩む。

　そんな時、一番救いとなったのは、似たような状況を経験した人の話を聞くことだった。経験者が伝えてくれる「優しさ」に私

はとても救われた。自分もこの状況を乗り越えられるような気持ちになれた。

　私のメッセージで、誰かを勇気づけられることができたらと思いこの本を書いた。踏ん張り続ける中で起きた数々の出来事を記録した。私が一番しんどかったひと月、思いがけず俳優のユン・ヨジョンさんに出会えたように、人生に疲れ果ててしまった誰かが書店でこの本を偶然見つけ、読んでくれたら嬉しい。かっこ悪い部分、悲しかったこと、自分なりに乗り越えてきたこと、ムカついたこと、そんな人生でもなんとかやっていけると思ったこの感情を共有したい。この本に書いてある私の話を読んで共感してくれる人たちと一緒なら、もっと頑張っていけるような気がするのだ。

　頑張れと言われる世の中で生きる私たちは、仕方ないけれど踏ん張り続けていくほかないのだ。お互いのスタイルを尊重し、無理矢理スタイルを変えさせようとしてくる奴らと戦いながら。そうやって頑張って、粘り続けた私たちがいつか新しい主流になることを願っている。

もしかしたら勝てる可能性だって
あるかもしれない

――

「私はインドに行った。頭の中で火が燃えたから」。詩人リュ・シ
ファ[*44]さんのインド旅行紀『地球星の旅人』に出てくる文章だ。大
学卒業を目前に控え、正規職への就職を目指していた私がこの本
を読んだのは、ある意味一種の啓示だったように思う。なぜなら、
私の頭の中でも火が燃えていたからだ。本を閉じ、私は何も考え
ずにインドへ向かった。

ニューデリーに到着したのは真夜中だった。事前に予約してお
いた小さなホテルの前で、野良犬2匹がうなだれるようにして眠っ
ていた。昼に見ていたら、ただ可愛いと思ったかもしれないが、薄
暗かったせいもあるだろうけど、私の目には、ついさっき狩りを
終えて眠りについた野生のオオカミのように映った。ホテルの狭
いベッドの上に横になり、肩にグッと力を入れたまま、私は浅い
眠りについた。

次の日は、市内観光をするために外へ出た。移動手段を探そう
と大通りに出ると、リキシャ（インドのタクシーのようなもの）がズラ

リと並んでいた。その中で目が合ったリキシャのドライバーは、待ってましたと言わんばかりに、私に向かってセクハラともとれるジェスチャーをしてきた。旅行先で散々な扱いを受けたのはこれが初めてではなかった。ニューヨークに行った時は、これよりさらにひどかった。信号待ちをしていた車の後部座席から怪しい男が降りてきて、ただ歩道を歩いていただけの私の手首をつかみ、車に引きずりこもうとしてきたことがあった。怖くて声も出せずに凍りつく私を見て、車に乗っていた彼の連れたちは、口笛を鳴らしながら、人種差別や性差別が混じった言葉を吐き捨ててきたのだ。私はただ「地球星の旅人」になりたかっただけなのに……。こんな出来事に直面するたび、旅先は「地獄星」に変わってしまう。

　こんなクソみたいなところは早く離れたほうがいいと思い、私はニューデリーからタージマハルにあるアグラに向かうことにした。子どもの頃、ビデオテープが伸びるほど見ていた『アラジン』の中にある風景をこの目で実際に見れば、怒りが収まるのではないかと思ったからだ。列車は満席だったので、仕方なく列車のチケットより10倍以上もするタクシー代を払い、アグラに向けて出発した。

───

＊44：韓国の代表的な詩人、エッセイスト。『地球星の旅人』は翻訳家であるリュ・シファが15年間訪れ続けたインドでの出会いを綴った旅のエッセイ、米津篤八訳（2004年）より。その他の邦訳に『君がそばにいても僕は君が恋しい』（集英社クリエイティブ）、『愛しなさい、一度も傷ついたことがないかのように』（東洋経済新報社）がある。

砂嵐が吹きつける砂漠のような道路を突き進んでいたタクシー
が急停止した。するとドライバーはタクシーから降り、どこかへ
行ってしまった（なんと言っているのか分からなかったけど、多分通行料
を払いにいったんだと思う）。いつ戻ってくるか分からないドライバー
をタクシーの中で一人で待っていた時、窓の外からいきなり変な
音がした。顔を上げてみると窓に猿が1匹くっついていた。

　猿と目が合い1秒間の静寂が流れる。状況を把握し、私は写真
を撮ろうと反射的にiPhoneを取り出していた。すると突然『アリ
ババと40人の盗賊』から飛び出してきたかのような格好をした人
間が10人ほど、私が乗っているタクシーの周りを取り囲んだのだ。
彼らは全員、棒のようなものを持っていたが、そのうちの一人が
私の座席のほうに近づいてきて「フォト？　マネー！　マネー！」
と大声を出してきた。

　猿の写真を撮ったのなら金を払えと脅してきたのである。けれ
ど悔しいことに、私は写真を撮ろうとはしていたけど、実際に撮っ
てはいなかったのだ。だから彼らに、iPhoneのアルバムのフォル
ダを見せ、慌てて私も「ノーフォト！　ノーマネー！」と叫んだ。
すると次はタクシーの窓を棒でガンガンと叩き、さらに声を荒げ
てきた。

　異国の地の荒れ果てた地域、道路のど真ん中で止まっているタ
クシー、そのタクシーを取り囲む盗賊たち、そして無防備な自分。
あの時は人生で初めて本気で死ぬかもしれないと思った。不思議

なことに絶望の淵まで追い込まれると、なぜか急に怒りが込み上げてきた。このままでは死んでも死にきれない。旅行客一人くらい誰にも知られないうちに消すことができるこの「地獄星」で、自分はまだ何も成し遂げていない。なのに私は馬鹿にされ、差別に苦しみ、拉致までされそうになるという命の危機にさらされているのだ。猿の写真なんて撮っていないのに！

　なんだか急に頭にきて、私は窓の外の奴らに向かって大声で叫んだ。「ノーフォトだからノーマネーだって！！！」

　しかし盗賊たちはこれにひるむことなく、金を払えと怒声を上げてきた。私も対抗して、もっと大きな声でお金は出せないと言った。彼らが棒で窓を叩いてきたら、私も同じように肘で窓を叩き返した。どのくらい張り合っていただろうか。ついに盗賊たちが先に降参して「オッケ〜、オッケ〜」と言いながら、どこかへ行ってしまった。その時、私はホッとした気持ちより、過去の自分に対する妙な感情が湧き上がってきた。

　今までの私は、勝つ可能性もあったかもしれないのに、負けそうなバトルには参加すらしてこなかった。始まりもしないうちに自分から白旗を上げた。誰かが私の顔に泥を塗って馬鹿にしてきたら、相手にする価値がないと思ってすぐにその場を離れたし、考えてみれば学生の時も似たような感じだった。問題が起きても、しっかりと向き合ったことがなかったのだ。決して諦めていたわけではない。限界を認め、時間を浪費しないためにそうしてきた

んだと自分を騙しながら。

　誰も聞いていない場所で、誰かを蔑み不平をぶちまけたって、何もない空間で拳を振り回してみたって、結局は何も変わらなかった。どうせ勝てないからと諦めたバトルのどれだけ多かったことか。ニューヨークで私の手首をつかんで引きずりこまれそうになったあの時も、男の胸ぐらをつかんで戦ってやればよかったと思っている。

　インドから戻ってきて、ありのままの姿で生きていくために努力するようになった。人に譲ってあげられる子がいい子だと大人たちは言うけれど、私は誰にでもいい顔をしようと思っていない。失礼な態度をとってくる人にはハッキリと不快だと言うし、理不尽な要求は断固として拒む。先に喧嘩を吹っかけられてきたら、逆にこちらから決闘を申し込み相手をぶっ倒してやるのだ。しかし悲しいかな、一朝一夕で勝てるような敵はいない。だから勝率を上げるために、私たちはコツコツと力を積み上げていくしかないのである。

ビジョンは6か月先までしか決めない

—

　自己紹介書の項目の中で、一番なんと答えたらいいのか分からなかった質問は「10年後の自分について」だった。目先のことすら想像がつかないのに、なぜ人々はしきりにこれからの人生計画について聞いてくるのだろうか？　目標を持たず、見切り発車するのはよくないと自覚をしながらも、最終目的地を決めることに私は意味を見出せなかった。

　『文明特急』を作っている時も同じことを感じていた。「10年後、どのようなPDになっていると思いますか？」と質問を受けるたび、次の週にピンチに陥る可能性もあるのにという考えが頭をよぎっていた。これをやってみたいという漠然とした希望ではなく、現実で叶えられるような未来を描こうとするのなら、10年後は私にとってあまりにも遠すぎる未来の話だ。

　文明特急チームは6か月単位で計画を立てている。10年先、3年先、1年先の目標は絶対に設定しない。中長期的な目標を立てない1つ目の理由は、まだ十分なスキルがないからだ。それに私に

は世間一般でいう「先見の明」のような能力はない。だからあえて何かを予測したり、大きなことを口にしたりしないようにしている。

　2つ目の理由はその日暮らしで生き抜いてきたサバイバル本能のようなものがあるからだ。契約が6か月更新のインターンとしてSBSに入社し、1年ほどエディターを経験した。いつクビになるか分からない恐怖が私の中にはあった。部長に昇進した自分の姿を思い描くより、会社にとってプラスになる存在かどうかを証明することのほうが先だった。

　ずっとこんな状況に置かれていたから、短期目標に執着し、中長期的な目標を立てることはどこか夢のような話に思えたのだ。上司が「2年後、我がチームはこんなふうになっていたいと考えています」と話していることに対して、私は「2年後、私がこの会社にいるのかも分からないので、その時になってから話してほしいです」と言ってしまうようなメンバーだった。雇用環境が安定していると思えない以上、クビにされないために毎日全力投球するしかない。私以外の人もきっと同じはずだ。

　中長期的な目標を立てるのは苦手でも、短期目標を立てることには自信があった私の「その日暮らし」の気質のおかげで、『文明特急』を続けてこられたのだろう。誰かが撮ってきた動画の編集だけをしていたら、この会社で生き残るのは難しいと私は思っていた。自分の価値を証明するには、イチから何かを創り出せると

いうことを、積極的に自らの結果物として見せていくほうが確実だった。利益をあげられる、影響力のあるコンテンツがここにあるということをアピールするほかなかったのだ。ジェジェオンニと一緒に企画したこの番組がいい評価を受けて初めて『文明特急』をずっと作りたいと言えるような気がした。

　3回目まで番組を作ったところ、視聴者の反応は悪くなかった。だから次は5回目までやってみることにした。5回目までいき手応えもそこそこあったので、オンニに「10回目まで作ってみる？」と聞いてみたら、「やろう」と速攻で返事をしてくれた。そして私たちは『文明特急』を10回目まで続けた。すると本当に少しずつではあったけれど、番組にファンがつき始めたのだ。3か月経つとその数はさらに増えて、『文明特急』にスポットライトを当てた記事も1〜2本出るようになった。

　あの時、18階のラウンジでのミーティング中にジェジェオンニと交わした「来年も上半期は文明特急だけに全力投球しよう」という約束を今でも覚えている。『文明特急』を好きでいてくれる視聴者の反応から、自分たちには少しばかりポテンシャルがあると感じ取ったので、他の業務はいったんストップして毎週1本は定期的に『文明特急』のコンテンツを公開することだけに専念しようと決めたのだ。

＊45：著者のホン・ミンジPDが所属するSBSデジタルニュースラボでは、常勤的な非正規社員のことを「エディター」と呼んでいる。

目標に到達するまでの過程が長くなればなるほど、他のことを考えるようになってしまう。1日1日、力を出し切ることで次も生き残れる。そうしたら、また次週の目標を立てればいいだけではと思うかもしれない。ではなぜ私たちは半年ごとに目標を設定するのか。それは半年ぐらいであれば、ある程度の見通しを立てて計画を練ったほうがチームが効率的に回り、メンバーも『文明特急』で自分のスキルを伸ばしていけるかどうかを判断できると思っているからだ。だから半年間の目標はかなり具体的に立てるようにしている。私たちは大体3か月先の出演者ぐらいまでは交渉を完了させ、タイムリーな話題にも対応できるよう1〜2週間はスケジュールを空けておく。さらに大きなプロジェクトを1つ決めておき、これを自分、そしてチームのミッションとしているのだ。

　例えば、ウェブドラマの演出スキルを磨きたいメンバーがいるとする。向こう半年間は『文明特急』でウェブドラマ製作の予定がないという場合なら、リーダーはそのメンバーが自分に合う他の番組を見つけられるよう手助けをするべきだ。またステージ演出のスキルを伸ばしたいメンバーがいるとする。『文明特急』チームの半年間の目標の中にコンサートがあるならば、その人はチームでの仕事に全身全霊を傾ければいい。半年間チームで何をするのか目標を立て、メンバーとそれを共有するのは、私たちが進んでいこうとしている方向が同じなのか、そしてこれから力を入れる企画についてどれだけ理解しているのか、認識をすり合わせる機会なのだ。

今日だけ頑張ってみよう。

次は来月まで頑張ってみよう。

そしたら半年間、頑張ってみよう。

さらに残りの下半期も頑張ってみよう。

　挫けずに耐え続けた1日、1か月、1年が集まれば、いつの間にか10年になっているはずだ。だからこれからも、明日生き残るためには何ができるかを考えていくようなチームマネジメントをしていきたい。その結果がどうなるのかは私にもまだ分からない。もし結果が出せたらラッキーで、うまくいかなければきっとまたその時に別の方法を考えるだろう。

結果を証明するのは報酬だ

——

　2020年がチームを強くする方法を学ぶ年だったとしたら、2021年はメンバーへの頼り方を学ぶ年だった。頼るというのは、彼らを信じるという気持ち、つまりメンバーの能力を心の底から信頼するということである。その一方で何か問題が起こった時は、責任をメンバーにおしつけるようなマネをしてはならない。リーダーの力量はメンバーが安全に失敗できるクッションを作ってあげられるかどうか、それが分かれ目ではないだろうか。カフェで、スタンプが10個たまると一杯無料になるように、10回失敗したら何かをやり遂げたと思えるチームであるべきだと思う。

　そうすればメンバーがチームを離れることは絶対にない。リーダー一人の能力だけが目立つと、個人プレーに走るチームにもなり得る。一人で徒競走をしている人がリレーチームに決して勝てないのと同じだ。

　ある有名俳優のインタビューを編集した時の話だ。動画が公開される前、変則的に「文明特急に出演する」という記事が流れ、視

聴者の期待も高まっていた。そんな記事がニュースのメインを飾ること自体は初めてだったし、自然と私にとって極度のプレッシャーになった。文明特急がスタートしてから初めて、出社するのが怖いと感じた。編集機の電源をつけたまま、しばらく前に座っているだけの時もあった。心ここにあらずで、私をそんなふうにしたモニターの中の出演者を恨めしくも思った。まるで足首にタイヤをつけて陸上大会に出場するような気分で、無理矢理だけれど、1週間みっちり編集に取り組んだ。

そうしてやっとの思いで完成させた動画を、メンバーたちと一緒にチェックする時間がやってきた。動画を見終わると、メンバーたちの顔からは血の気が引いていた。動画が本気で面白くなかったからだ。一緒に解決策を考え、編集の方向性を修正することにした。口から飛び出てしまうかと思うくらい心臓はバクバクし始め、手も震え始めた。翌日の4時までに完成できなかったら、そのまま放送事故になりかねないほどのできだった。残りの時間は14時間。ほぼ最初から編集し直さなければいけない状況で、時間内に終わらせるのは不可能に等しかった。

すると突然、演出チームのキム・ヘジンPDとオ・ハンジュPDが自席に戻り、とても落ち着いた声と表情で「私がこの部分を編集しますね」と言った。半ば放心状態だった私に代わり二人が再編集をしてくれたおかげで、視聴者には私たちのドタバタを知られずに済んだ。

そういえば、少し前にもこの時と似たようなことがあった。オ・

ハンジュPDが編集したものをメンバーでチェックしたのだが、いつもより細かい部分まで作りこまれておらず、動画もどこかまとまりがなかった。そして何より出演者に対する愛情が全く感じられなかったのだ。編集が雑だと私が指摘すると、オ・ハンジュPDは「最近、体力的にも精神的にもつらい」と正直に打ち明けてくれた。他の人に迷惑をかけることを嫌うオ・ハンジュPDは、自分がつらいということよりも、メンバーがもう一度編集をしなければいけなくなってしまった状況に責任を感じていた。けれどよく考えてみれば、同じようなことが私にもあった。だからオ・ハンジュPDに「この前、私がひどい編集をした時にオ・ハンジュPDがフォローしてくれたでしょ。今回は私が助けてあげる番だから」と伝えた。おかげで少しあの時の借りを返せたような気がした。私たちはこうやってお互いの足りない部分を補い合う方法を学んでいる最中だ。

しかし客観的に見て、メンバー個人のスキルが十分だとはいえない状態のチームを頼り、信頼するというのは贅沢な話である。リーダーがメンバーを信じるだけでいいのなら「R=VD　生き生きと夢見ればかなう[*46]」という雲をつかむようなフレーズがリアルなものになる。胸は痛むが、メンバーが成長するためにはリーダーが悪者になる瞬間も必要だ。これに気づいたのはつい最近である。どうやら私は「優しいリーダーコンプレックス」に苦しめられていたようだ。私たちはよくリーダーに歯向かったり、声を上げたりしていたけれど、メンバーに「コンデ」だと煙たがられたくないというプレッシャーからか、彼らと接する時、私は反対にとて

も用心深くなっていた。しかしメンバーたちに嫌われないように、なんでもOKと言ったり、仕事をする上で足りていない部分や改善点を教えなかったりするようでは、彼らはいつまで経ってもステップアップできない。

　私は誰かに失敗を指摘され、厳しいフィードバックをもらえた時、より成長できる人間だ。けれど、メンバー全員がそうであるとは限らない。だから私は年末に個人面談の場を設けることにした。仕事面においてはストレートに指摘をしても大丈夫かと、単刀直入にメンバーへ聞いてみることにしたのだ。彼らは客観的なフィードバックは、演出スキルを向上させる上で力になると信じているので大丈夫だと言ってくれた。

　それ以降、アイデアを考えてきていなかったメンバーに対しては、ミーティングが始まる前に「それは問題だ」とハッキリと言うようになった。動画が細かい部分まで作りこまれていない時は、編集が雑だときちんと指摘した。「優しいリーダーコンプレックス」を抱えていた頃は「私がやっておくね〜」と言っていたかもしれないが、私なりに腹を決めた結果だ。こうやってしっかりと伝えることで、次のミーティングの時にはアイデアとコンセプトを前もって整理できるチャンスができるし、編集をやり直しなが

───

＊46：「R=VD（Realization=Vivid Dream）」は、韓国を代表する自己啓発書作家であるイ・ジソン氏の著書『あなたにそっと教える　夢をかなえる公式』吉川 南訳（2009）の中の有名なワンフレーズ。イメージしたり、紙に書いたり、言葉にしたりすることによって夢が現実になるということを指す。

ら自分の苦手な部分を分析する時間も持てるようになる。

　来たる2022年は、本当に私がチームを引っ張っていく資格があるのかどうか、試してみたいことがある。メンバーたちがスキルアップした時などに受け取れるインセンティブや昇進のような明確な報酬体系を整え、彼らの価値を証明するのだ。とはいえ、私たちチームは組織に属しているので、私一人の力で実現するのは難しいかもしれない。心が折れてしまうような出来事が起こる可能性もある。それでも私の心のままに突き進んでみることにした。チームに必要なのは「優しいリーダーコンプレックス」を抱えるリーダーではなく、手段や方法を問わずメンバーたちの成果を証明してくれるリーダーであるはずだから。

第2世代アイドルから学ぶ

―――

『文明特急』に出演してくれたアイドルについて、プライベート
の席で時折質問される。期待に添えず申し訳ないが、職場で演出
側の人間と出演者として顔を合わせているだけの仲なので、これ
といって話せるウラ話がない。PDである私にとって、アイドルは
憧れの対象ではなく、一出演者で、個人的には"仕事人"だと思っ
ている。

仕事人としての彼らを見た時、第2世代のアイドルは駆け出し
の社会人というより、代理や次長に昇格したメンターのような存
在だ。だからかもしれないが、第2世代のアイドルに学んだノウハ
ウがとても多い。私もまた一介の仕事人として少しでも長く生き
残るため、見識を広げてくれたアイドルたちのインタビューをも
とに秘策を作ってみた。

親しみやすさと新しさはセットだ－SHINee

ニューメディアでコンテンツを作っている私には、常に何か新

しいことをしなければというプレッシャーがあった。目新しさが
なければ、テレビなどのオールドメディアと差別化ができないと
思っていたからだ。オリジナリティは新しくて型破りなものを作
ることから始まると信じていた。しかし「これだ！」と思う新し
い企画を出しても反応はイマイチ。すると製作者は、世間の人が
まだ面白さを分かってくれないだけだと思い、自己満足をして終
わりという悪循環に陥る。

　SHINeeへのインタビューで、万人に受け入れてもらうには程よ
いバランスが大事だということを学んだ。SHINeeは常に新しいコ
ンセプトに挑戦しているけれど、そこに違和感は感じない。きっ
と彼らはいつも親しみやすさと新しさを共存させるにはどうすれ
ばいいのか、真剣に考えてきたのだろう。世間の人々が思う
「SHINeeらしさ」というイメージを失わずに、いつも新鮮さをひ
とさじだけ加えている。

　新しい企画を出した時に反応がパッとしなかった理由がようや
く分かった。私は視聴者の存在を無視し、斬新さを詰め込むこと
しか考えていなかったのだ。自分が伝えようとしていた「新しさ」
はともすれば、生っぽいものに見えやすい。だから視聴者に企画
のコンセプトがしっかり伝わらず、傷んだ刺身を食べた時のよう
な気持ち悪さと不快感だけを残してしまっていたのである。

　SHINeeから学んだことは『コムヌンミョン　コンサート』で新
企画をスタートさせる時、とても参考になった。TVで『文明特

急』の拡大版を放送することになったが、いつもTVを見ている視聴者にとって『文明特急』は馴染みのない番組だと思った。だからそんな視聴者にも見てもらえるように、わざと古典的な音楽番組のフォーマットを使って番組を制作した。その一方で、音楽番組のパロディ風の演出を行い、さらにそこへ既存の音楽番組では見られないようなコーナーを追加し、番組に「新鮮さ」を加えた。そのおかげか視聴率と話題性の両部門でいい結果を得ることができた。

　斬新さがクリエイティブだと信じていたけれど、実際は違ったのだ。新しさと親しみやすさを秤にかけ、一番いいバランスを見つけて出来上がったものこそが最もクリエイティブな企画なのである。

2日間もらえたら何があっても完成させる－AFTERSCHOOL

　放送コンテンツの場合、毎週締め切りがある。この締め切りというプレッシャーは、多くのPDにとって大きなストレス要因のうちの1つだろう。もっと時間があれば、クオリティを上げられたはずだという悔しさが毎回残る。時間さえあればもっといい編集のアイデアが出せたのに、違う場所で撮影ができたのに、あの人にオファーできたのに……そうやって自分の能力よりも時間と環境のせいにしてしまう。

　あるオーディション番組の中間発表で、まだダンスが見せられ

るレベルに達していないと言った練習生たちに対して、AFTERSCHOOLのカヒは「一週間あげればいいの？　一か月あげればいいの？　一年あげればいいの？」と言い放った。この言葉のように、私たちは与えられた時間に関係なくやるしかないのだ。視聴者は製作陣の事情など分からないし、知る必要もない。撮影データが飛んでしまっても、雨が降って撮影ができなかったとしても、ゲストが突然出演をキャンセルしても、配信日になったら何がなんでもアップロードしなければならないのだ。

　AFTERSCHOOLは『コムヌンミョン』のTV拡大版で再び『Bang!』のステージに立った。コロナ禍で自主隔離しなければいけないメンバーもおり、全体で合わせられた練習期間は2日間のみ、さらにダンスフォーメーションとパートの修正があったにもかかわらず、10年前と同じ完璧なステージを披露してくれた。メンバー全員で振り付けを合わせられたのはたった2日間だったけれど、カヒは15日間の自主隔離中ずっと、ステージ動画を見て一人で練習を繰り返していたという。

　こんなふうに良い結果を出すためには、地道なトレーニングの積み重ねが必要なのである。一朝一夕でできるようになれたらどれほどいいだろうか。けれど、この世の中でそんな都合のいいことなんて起こるわけがない。もし撮影データが飛んで、一日で新しいものを作らなければならなくなったら、その時は企画から編集まで全て初めから考え直さなければいけない。普段からアイデアを考えるクセをつけて、編集をスピーディーに終わらせられる

ようになっておけば、一日しか時間が与えられていなくても、なんとか収拾をつけることができる。

　どんな状況にも対応できるように、私は自分だけのルーティンを決めておくタイプだ。例えば、毎朝ハミガキをしたりシャワーを浴びたりする時間を利用し、企画を考えたりしている。さらにご飯を消化するために歩いたり、車で移動したりしている時間に、編集で使えそうな字幕のアイデアをカカオトークの「マイトーク」のトークルームに送っておく。こうやって日常の中で習慣化することで、窮地に追い込まれた時もいつも通りのパフォーマンスが発揮でき、瞬発力もつくのだ。2000年にダンサーとしてデビューしたカヒは、今でもステージに立つために、全力で練習に取り組んでいる。私もしばらくはそんなふうに一生懸命生きていきたいと思う。

視聴者を大切にしていくべきだ－ヒョナ

「ファンのみなさん、愛してます」という言葉は、決まり文句のようなものだと思っていた。私は芸能人ではない。だから芸能人とファンの間に、どんな絆が存在しているのかよく分からなかった。自分とは違う世界だと思っていたのだ。けれど最近、『文明特急』のファンだと私に伝えてくれる人が増えてきた。スポンサー企業の担当者、ロビーで会った名前も知らない作家さん、大学時代の同期からもいとこがファンだと連絡がきた。あちこちに『文明特急』のファンが現れている。

「ファンです」と言われた時「ありがとうございます」と返事を
するのは、どこか気恥ずかしかった。自分のファンだと言ってい
るわけでもないし、まして私は芸能人でもない。ただ番組を好き
だと言ってくれたことに対して私が「ありがとう」と返したら、まる
で自分がこの番組の主かのように振る舞っているふうに見れる。
なんだか偉そうに見えておこがましい気もするし、もし社交辞令
だったとしたら真面目に受け取りすぎているようにも思われるし、
……と頭の中でグルグル考えていた。そこで私が選んだ返し方は
「お〜、そうなんですか?」だった(「お」の後ろの「〜」がかなり重
要なポイントだ)。

　とにかくヒョナへインタビューをしながら、私のこの返し方は
本当に最悪だったんだと痛感した。ヒョナは自分にとって、ファ
ンがとてもありがたい存在だということを知っていて、そのファン
の気持ちに応えるアーティストだ。彼女は「私のファンたちは
他の人に乗り換えることがあまりないんです」とまっすぐに答え
てくれた。ヒョナ自身がファンを大切に思っていれば、それと同
じぐらいファンもヒョナを大切に思ってくれていて、自分から離
れることはないだろうという信頼から生まれた自信だった。

　自分が存在する理由を「ファン」だと語るヒョナを見ながら、私
は反省した。番組も視聴者やファンの存在がなければ成り立たな
い。本当だったら、視聴者一人ひとりの手をとって感謝の言葉を
伝えても足りないぐらいなのに、コロナ禍を理由に、『文明特急』

を好きだと言葉にして直接伝えてくれるファンに「お〜そうなんですか？」と言いながら、距離をとっていたのだ。

　ヒョナにインタビューしてからは、誰かが私に「文明特急のファンだ」と言ってくれたら、精一杯感謝を示すようになった。少し照れくさくても、まずは感謝の気持ちを一番に伝えるようにしている。そしてチャンネル登録者とのコミュニケーションも以前と比べ増えた。コメント欄でやりとりをしたり、公式インスタグラムでファンの人たちが知りたいと思う情報などを更新したりしている。さらに誰かが「自分の遠い親戚が文明特急のファンだ」と言ってくれたら、私がコーヒーのギフティコン代を出すので、そのファンだという人にプレゼントしてほしいと頼んだこともある。

　これからも私たちのチャンネルを見てくれる人、そして好きでいてくれる人たちへ、惜しみなく感謝の気持ちを伝えていきたい。登録者がどんどん離れ、最後の一人になった時も、その一人のために力の限りを尽くしていかなければと思っている。それは私たちチャンネルの存在する理由が視聴者だということに気づいたからだ。

幸せと不幸せの総量は
比例すると信じている

——

　近所のカフェでこの本の原稿を書き終え、タルンイ[*47]をレンタルして家に帰る途中、角を曲がると、夕日に染まる冬の澄んだ空が目の前に現れた。その時ちょうどAirPodsから一番好きな曲が流れてきた。私が大好きな自転車と景色、そして歌。こんなパーフェクトな条件が3ついっぺんに訪れることなんてめったにないだろう。夕方はいつも薄暗いオフィスで動画の編集をしている私にとって、夕日が沈む瞬間をリアルタイムで見ることもそうそうない。普段だったらAirPodsの充電を忘れている私だが、その日は珍しくしっかり充電をしていたのもラッキーだった。しかも2日前まで気温は氷点下、寒風が吹きつけるような天気で、タルンイには見向きもしなかった。そしてさらに昨日から寒さが和らぎ自転車に乗れるぐらいの気温になったのも、なんという偶然だろうか。家に帰る途中、わざわざ公園に寄り、何周かしてしまうぐらい本当に運がいい日だと思った。

　家に着いてシャワーを浴び、熱々のテンジャンチゲとサムギョプサルを食べ、パジャマに着替えて、ミカンを剥いている時だっ

た。私の携帯から「ジーッ」とアラームが聞こえてきた。タルンイ未返却のお知らせだ。空を見上げるのに夢中になって、タルンイの返却レバーも下ろさず、のんきに家に帰ってきていたのだ。やっとの思いでオンドル[*48]でホカホカになったパジャマのズボンを脱ぎ、外出用の服に着替え、重いダウンジャケットを羽織り外に出た。私が乗っていたタルンイは運良く返した時と同じ場所にあり、返却レバーを下ろすと600ウォンの超過料金がかかると通知が来た。とにかく完璧な一日というものはこの世にない。綺麗な空に出会えた幸運と同じだけ、厄介なことも起こるのだ。私はこれを「幸せの総量の法則」と呼んでいる。

　幸せには総量があって、大きな幸せがきたら、いつかそれと同じぐらい辛いことが起こると思っている（私だけが信じている迷信なので、科学的な根拠やソースは全くない）。この迷信は何年か前、私に大きな不幸がやってきた時に作り出したものだ。家族全員を苦しめたその不幸は、かなり長い時間そばに居座り続けていた。大きな不幸は経験した。もうすぐ同じくらい大きい幸せが訪れるはずだと自分を元気づけながら、その時はなんとか耐え抜いた。そして私はPDになり、自分の本を出すという幸せをつかむことができた。だからあの時の不幸は相殺されたと思っている。

———

＊47：ソウル市が2015年から運営を開始した自転車のレンタルサービス事業。 国籍にかかわらず、 満13歳以上であれば誰でも利用することができる。
＊48：韓国の床暖房のこと。 現代ではパイプを家の床全体に張り巡らせ、 ボイラーを利用し熱湯を循環させる温水循環式がほとんどである。

いつからか大きな幸せがやってくると、反対に不安になるようになった。「すぐに同じくらいの不幸がやってくるはずだ。どうしよう」と。だから私に大きな幸せが舞い込んできた日は、それを周りの人たちと分け合う。インセンティブを受け取った日には家族や友達にあげるプレゼントを買った。大きな賞をもらった日には賞金と喜びをメンバーたちと分け合った。幸せはほどほどにみんなと使い、あまった分の不幸だけ私のところへ来るようにする作戦だ。

　就寝前瞑想をする時間。今日起きたみたいな幸せと不幸だけがやってきたらいいのにと思った。絵に描いたような綺麗な空を見ながら家に帰るぐらいの幸せと、タルンイのレバーを下ろし忘れ、もう一度外に出なければいけないぐらいの不幸。これだったら大きな不幸がやってきた時に、次の幸せはいつ来るのだろうと首を長くして待たなくていい。大きな幸せがきた時も、次に訪れるであろう不幸を恐れずにすむ。今日のような幸せと不幸の比率だったら私は楽しくやっていけるだろう。だから今日という日を理想の一日として、しっかり覚えておきたいと思う。

エ ピ ロ ー グ

──

　駆け出しの社会人として私が蓄積してきたエピソードを中心に
この本を書いた。書き終えてみると、余裕があるというより、後
ろから猟犬に追いかけられている時のような必死さが伝わる話が
多くなってしまったような気がする。今、人生のキーワードを
「ヒーリング」や「ワラベル」にしている読者は、もしかしたら
「しんどさ」を感じるかもしれない。だからこの本を買う前であれ
ば、そっと元の場所に戻してきていいし、もう購入してしまった
場合は中古で安く売ってもいい。けれど何かに対して、憤りや焦
りがある人ならば、きっと私のエピソードに共感できるはずだ。こ
の本を読み、私のどうしようもなさに慰められた読者がいてくれ
たらなによりである。

　本に書いたエピソードは、同僚たちと一緒に乗り越えてきたも
のばかりだ。一人で歯を食いしばっていくのは恥ずかしくて嫌だ
けど、誰かとならできる気がした。長い間私と一緒に踏ん張り続
けてきてくれた、イ・ウンジェPD、イ・ギュヒPD、オ・ハンジュ
PD、キム・ヘミンPD、キム・ハギョンデザイナー、文明特急チー

ムで一緒に働いてくれた全ての仲間たちの顔が思い浮かんだ。もし私が覚えていることが事実と違ったら申し訳ない、カカオトーク送って。そしていつも私たちチームが決めたことを尊重し、的確な判断をしてくださったハ・ヒョンジュン代表とリーダーのイ・アリタさんにも感謝の気持ちを伝えたい。

　原稿を書き終えた時、一番初めに頭に浮かんだのは母と父だった。もしもこの本が大好きな私の家族、そして友達との5年間について書いてほしいと言われたら、果たして一冊書き終えられただろうか。家族との思い出といえば3年前の家族旅行が最後だ。そのくらい家族や友人と一緒に過ごした時間が少ない。

　私は自分のために働いた。家族行事はいつも二の次で、一緒にご飯を食べる時間すら惜しんだ。家族に自分のことを、無理矢理理解してもらおうとしていた。家に帰ってまで会社のことを考えたくなくて、仕事の話を聞きたがる両親に話しかけないでと言い放ち、自分の部屋のドアを閉めたこともある。家で家族とご飯を食べている時も仕事のために携帯ばかり見ていた。「携帯ばかり見ていないでご飯を食べなさい」という両親に、仕事の連絡だ、遊んでるわけではないと腹を立てたりもした。この本の中には、そんな両親に話すことができなかった、家の外での私の姿が詰まっている。本にはなってしまうけれど、中間報告をしたい。

　小学生時代、家訓を書いて提出しなさいという宿題があった。その時父と母は、我が家の家訓は「自主独立」だと言った。次の日、

学校で発表した時に先生から「自主独立」の意味を聞かれたが、その時は、私も分からないと答えた。大学生時代、父にお小遣いをねだると「うちの家訓は自主独立だから、自分で稼ぎなさい」と言われていた。

あの時は私にお小遣いをあげるのが嫌だから、父はそう言っているのだと思っていたけれど、社会人になってなぜ両親が口酸っぱく「自主独立」を力説していたのか分かった気がした。経済的に自立するというのは、お金をたくさん稼ぎ自力で成功するということではなく、自分の人生を主体的に逞しく生きていけという意味。そして社会的に自立するというのは、無理矢理世間に自分を合わせるのではなく、ありのままの姿で堂々と立ち向かっていけという意味だったのだ。我が家の家訓の本当の意味を知るまで、30年近くかかった。

少し前、父が私の部屋に入ってきてこんなことを話してくれた。「お前は丸くなれない角ばった石だけど、ずっと変わらずそのままでいてほしい」と。そんなひねくれ者の娘を支えてくれる両親への大きな尊敬の気持ちを込め、この本を締めくくりたいと思う。

日本版エピローグ

誰よりも自分の幸せを心から願ってみる

——

　2020年がチームをビルドアップする方法を学ぶ年だったとしたら、2021年はメンバーへの頼り方を学ぶ年だった。そして2022年は一緒に働くメンバーがそれぞれに見合う報酬を受け取り、成果を認めてもらえるような環境を作るリーダーになるため、自分なりに目一杯力を尽くした年だった。「右手のすることを左手に知らすな」という聖書のことばのように、賞賛や見返りを期待することもなく、メンバーに知られず、一人でやらねばならなかったことだった。もしバレたらなんだか恩着せがましいし、私の真意がストレートに伝わるどころか、横柄に見えてしまう可能性もある。それを分かりながらも心の中にはもどかしさが募っていった。私の成果は誰が認めてくれるの？

　メンバーは私がこんなに悩んでいることすら知らない。私に何か利点があった？　私自身の給与交渉は一体いつ？

　そんな感情にだんだんと蝕まれていく中、まさかのタイミングで、ある会社の人事部から、私と面談したいという連絡をもらった。久しぶりに自分の苦労を分かってくれる人に出会えたような気がして、私はその提案を快諾した。面談は順調に進み、もし会

社を離れるとしたらいつ頃になるのか聞かれた。私はそこで初めて言葉に詰まった。反射的に本音がポロッとこぼれた。

「やっぱりこれは違う気がします。メンバー全員がチームを巣立ってからはじめて、私が去ることができると思うんです」

相手もきっと困惑しただろう。面談は台無しになってしまったけれど、その日私は、自分が本当はどう思っているのか気づかされた。メンバーがもっといい評価を受けられるよう頑張っていたのは、リーダーである自分の実績に繋がるからだった。親切心でもなんでもなかったのだ。自分の社会生活のための、私のただの大きなワガママだったのだ。そして自分の利益のためだけに転職の面接にも応じた。それだけの話だ。けれどいざ、何かを与えてもらえる状況になった途端、また違う自我が顔を出した。少しおかしな話に聞こえるかもしれないが、意外にも私は自分がやりたいことを諦めてでも、他の人の幸せを切に願う人間だったのだ。そしてこれが私を構成する重要な要素であることに気づいた。

このことに気づいた2022年は、メンバーたちの幸せを心の底から願いながら過ごした。そのおかげかそれなりに前進したこともあった。メンバーはより良い職場からスカウトを受けチームを離れ、満足できるほどではないけれども、会社でもある程度の報酬体系を整備してあげることができた。メンバーの待遇も改善できたことだし、次はもっと大規模で、ハイクオリティな番組づくりに専念しなければと思っていた。百想芸術大賞受賞、SBS芸能大賞の番組賞受賞、シットコムのシナリオコンテストでの入選など、喉から手が出るほど欲しかったものはたくさんあった。けれどい

ざそのステージまで来てみると、欲すら出てこなくなったのだ。だから2023年の目標は今までで一番小さく平凡でありふれたものになった。それは「毎朝、ベッドメイクをする」という目標だ。

2022年は私以外の人たちの幸せを願い続けていた。そうすると知らないうちに自分をないがしろにしていたような気がした。だから2023年は自分自身の幸せを最優先する。これが私の今年の目標だ。

そこで、どんな時に私は幸せを感じるのか考えてみた。旅行先のホテルで、ピシッと綺麗に整えられたベッドに横になる瞬間が一番幸せだった。だから一日の終わりに幸せを感じられるよう、毎朝自分のベッドを整えることにしたのだ。もともと私は起きるとすぐにシャワーを浴び、出勤をしてしまう。ベッドメイキングをする時間自体が無駄だと思っていた。けれど、始めてみると私の日常は変化していった。きれいに整えたベッドの上に服を並べるのが嫌だから、毎日服を片づけるようになった。ベッドとイスの上に前の日に着ていた服を脱ぎっぱなしにしていた、この私がだ。服をきちんとしまうようになってから、部屋には空間ができた。だからお茶を飲めるようなテーブルを置いてみた。部屋でゆっくりとお茶が飲めるようになると瞑想をする時間ができた。瞑想をしていると身体がムズムズしてきて、ストレッチをするようになる。いつの間にか私のことを支えてくれる日常が出来上がっていた。そして私は人生をさらに充実したものにしたくなった。毎日少しずつ英語の勉強をして、運動をして、読書をする。コツコツと積み重ねていったものが人生を豊かにしてくれた。

丁寧に生活をし始めてから、不思議なことに仕事も私のベッドのように整理されていっているような感じがした。必死になって準備していたある企画が立ち消えになった。昔なら波のように押し寄せてくる虚無感に苛まれていただろう。きっとオフィスで爪を噛みながら、頭を抱えていたと思う。

　けれど今は、早く家に帰って寝てしまえばいいやと考えられるようになった。ネガティブな感情は払いのけてさっさと退勤する。朝のうちに整えた自分の部屋のベッドを満足げに見つめる。それからパジャマに着替え、フカフカのベッドに身をゆだねる。次の日の朝も、軽やかな気持ちでベッドを整え、ワクワクしながら出勤する。そうしてまた私は新しい企画を考えるのだ。前の日にあった失敗を引きずらないようにするという意味でも、ベッドメイキングは1日の中でとても大切な日課となった。おかげで、家でも会社でも全身で小さな幸せを感じられるようになった。

　だから2023年、私は毎朝ベッドを整えられる人になりたいと思っている。

訳者あとがき

———

　ケーポドルに愛嬌や一発芸を強制しない、安心安全の番組作りでお馴染みの『文明特急』。本書は演出・動画編集を担当し、現在は文明特急チームのリーダーでもあるホン・ミンジさんが初めて書いたエッセイだ。もともと私は番組のファンであり、文明特急の動画を見て、NCT 127というSMエンターテインメント所属の男性アイドルグループに沼落ちした。この本の存在を知ったのはジェジェオンニのInstagramのストーリー。発売日当日に「ミンキーが作家になりました」とのコメントと共にアップロードされ、急いで電子書籍版を購入した。私が韓国に興味を持つキッカケとなった「第二世代アイドル」にフォーカスした企画などを行うPDさんがどんな人で、どのような信念を持ち、製作をしているのか純粋に興味を持ったからだ。そして、自分と同じ「90年代生まれ」ということにもシンパシーを感じずにはいられなかった。

　韓国の90年代生まれは、1997年に発生したアジア通貨危機、2008年のリーマン・ショックの影響を受けた親に、社会的・経済的に遅れを取ってはいけないというプレッシャーを子どもの頃からかけられ、入試や就職難など熾烈な競争社会を生きてきた世代だ。日本の90年代生まれは、激しい競争こそなかったかもしれないが、1991年〜1993年のバブル崩壊、韓国と同じく2008年のリーマン・ショックを経験し、生まれてからずっと不景気、さらには「ゆとり・さとり世代」と言われ、

「これだから最近の若者は……」と心無い言葉をたくさん言われてきた世代である。韓国と日本、両国に共通するのは"見通しが立たない将来への不安"。本書は不安を抱えながらも、自分の納得できる生き方を模索している90年代生まれのリアルが書かれているエッセイであるとも言えるだろう。そしてここで、本書内では年齢は韓国式の数え年のまま表記していることをおことわりしておく。

　現在も『文明特急』は放送業界へ新たな働き方を提示し、挑戦を続けている。2022年8月25日「今まで精一杯働いてきた分、休暇が必要だ」と番組が1か月間の夏休みを取ることをYouTubeで宣言。さらに夏休み明けからは、働き手が足りなくなって3〜4か月の間一時閉店する食堂をレンタル。そこにゲストを招き、お酒を飲みながらトークを繰り広げていくという新企画をスタートさせた。このように現在もチャレンジングな企画を世に送り出し続けているのだ。

　刊行にあたり、感謝の言葉を伝えたい方々がいます。まずは編集者の黒田千穂さん。キッカケはTwitterという、ミレニアム世代らしい出会い方ですが、私の文明特急"愛"を真正面から受け止め、日本での出版に向け奔走してくださり本当にありがとうございました。そしてお忙しい中、本書の訳文の監修を快く引き受けてくださった翻訳家の岡崎暢子さん。デビュー作ということもあり、翻訳はこれで大丈夫なのだろうか……と不安になっている私に「最初より上手になってる！」「読みやすいですよ」と、自信をなくさぬよう前向きな言葉をかけてくださり、最後まで訳し抜くことができました。いただいたフィードバックはかけがえのない宝物です。感謝の言葉をいくら伝えても足りません。本当にありがとうございました。

ホン・ミンジ

1992年生まれ。ENTP。YouTubeチャンネル「文明特急」の演出を担当している。長期的な計画や途方もない目標や情熱満載の夢なしに一日一日を生き残ることに成功しようと考えている。

豊田祥子（とよだ・しょうこ）

1993年生まれ。INFP。宇都宮大学国際学部卒。2014～2015年の1年間、交換留学生として慶北大学で学ぶ。現在は会社員として働きながら、副業でウェブトゥーン翻訳にも携わっている。韓国の大衆文化全般に興味アリ。無類のK-POP好き。

夢はないけど、成功したいです

2023年1月25日　初版第1刷発行

著者	ホン・ミンジ
訳者	豊田祥子
編集協力	岡崎暢子
装丁	山田知子＋門倉直美（chichols）
校正	konoha
発行人	永田和泉
発行所	株式会社イースト・プレス

〒101-0051
東京都千代田区神田神保町2-4-7 久月神田ビル
Tel.03-5213-4700 Fax.03-5213-4701
https://www.eastpress.co.jp

印刷所　中央精版印刷株式会社

©Shoko Toyoda 2023,Printed in Japan　ISBN 978-4-7816-2166-1